常用繁简字实用指南

孙国梁　编著

上海古籍出版社

图书在版编目(CIP)数据

常用繁简字实用指南 / 孙国梁编著.—上海：上海古籍出版社，2014.11（2024.12重印）
ISBN 978-7-5325-7431-5

Ⅰ.①常… Ⅱ.①孙… Ⅲ.①简化汉字—指南 Ⅳ.①H124.2-62

中国版本图书馆 CIP 数据核字（2014）第 231515 号

常用繁简字实用指南

孙国梁　编著

上海古籍出版社出版发行

（上海市闵行区景路159弄1-5号A座5F　邮政编码 201101）
（1）网址：www.guji.com.cn
（2）E-mail:guji1@guji.com.cn
（3）易文网网址：www.ewen.co
启东市人民印刷有限公司印刷
开本 850×1168　1/32　印张 7.875　插页 2　字数 176,000
2014 年 11 月第 1 版　2024 年 12 月第 12 次印刷
印数:16,401—17,900
ISBN 978-7-5325-7431-5
H・119　定价:38.00元
如有质量问题,请与承印公司联系

导　言

一

简化字－繁体字，沿用字；兼容字：沿用字与简化字的
一身二任；简繁转用中的问题：兼容字——事故多发区

　　汉字的简化，是书写繁难的汉字的一次大解放。书写相对简
便，而又保持了汉字固有特点的简化字，使全民的识字率达到了前
所未有的高度，从而有力地提高了全民族的文化素养。同时，一批
批从简化字语境中成长起来的、深谙中华传统文化的学者教授，也
证明了简化字并没有阻碍学术上的提高。

　　但是，由于国家推行简化字毕竟只有半个多世纪，其间难免会
有简体、繁体混杂使用的情形；尤其是近年来，出于某些方面的需
要，繁体字出现的频率还有所提高。这种状况，对于学习并惯于使
用简化字的人们，难免会遇到某些特殊的问题和困惑。

　　问题一，是发生在阅读旧版或繁体版古籍时，遇到某些"似曾
相识"的字时所产生的曲解。

　　首先要明确的是，"简化字"是相对于被简化的相应的"繁体
字"而言的，有简方有繁，它们形成了一种特殊的替代关系。未经
简化而一直沿用的字，并不能统称之为繁体字。如"一"、"木"、
"之"、"江"等字，就一点也不繁；有的字形虽繁，但未经简化而沿用
至今，如"繁"、"鄙"、"靡"、"窒"等字。对这类字，无以名之，姑称之

为"**沿用字**"。

阅读旧版或繁体版古籍，当然要有阅读一般古典文献的必要准备。例如要有点相应的历史知识，要学点古汉语的一般规律，要避免想当然地去以今解古，同时还应有必不可少的工具书以备随时查检等。即使遇到我们熟悉的沿用字，也不可掉以轻心。如"求其唐子也而未始出域"的"唐"字，"郑人缓也呻吟裘氏之地"的"呻"字(二例均出《庄子》，"唐"义为失，"呻"义为诵)，就不是想当然就能了解其意义的。

至于除上述沿用字之外的其他字，即具有简、繁两种字式的字，在阅读中往往会遇到两种情形。

一种是对于经过简化的繁体字，因为没学过，所以不认得。这反而好办，按学习古汉语的一般规律去办就是。认真看看原书的注疏，如无注疏，就翻字典。目前较好而实用的如《词源》、《王力古汉语字典》、《汉语大字典》等，都是好老师。

而另一种情形，则往往带来问题和麻烦，因为这类字我们"学过"并且"认得"。在《简化字总表》一、二表所载 482 个简体单字中，有近一半的字式是古已有之的，所以它们出现在旧版或繁体版古籍中，一点都不奇怪，而且我们"熟悉"。因为"熟悉"，所以容易先入为主，不再去花看注疏、翻字典的工夫，从而生出以今释古的尴尬来。比如"听"字，是人们极熟悉最常用的字之一，那么"听然而笑"(见司马相如《上林赋》)是什么意思呢？如果以为是用耳朵"听"了再展开笑脸，那就不对了。这里的"听"就是"笑貌"，读为"引"，与耳朵无干。应当注意，这类字往往"一身而二任"，如"听"字，它既是"聽"的简化字，又是古已有之的沿用字。我将这类字暂称为**兼容字**。兼容字有自身的本音本义，其中不少还是与对应繁体字完全不相干的另一个字；作为简化字，它又兼容了对应繁体字的全部(也有少数字是部分)音、义。对这类字进行梳理、分类、辨析,正是本书的主要工作。

　　问题二,是在某些需要使用繁体字的场合,机械地根据《简化字总表》,将简化字"复原"为繁体字;或者相反,为了使人"认得",将繁体字不加分析地用简化字替代。这两种方法所产生的效果,常常会令人如堕五里雾中。这类问题的多发地,也集中于上述兼容字上。

　　兼容字和对应的繁体字之间的关系,从数量上看,一般是一一对应的,即一个简化字对应一个繁体字。但也有一些特例,如一简数繁,像"干"是"乾"和"幹"的简化字;再如数简一繁,像"沈"和"渖"都是"瀋"的简化字;另外,尚存在有条件简化的类型,即兼容字仅在对应繁体字表示某些义项或读音时,可作简化字,此外不可简化,如"徵"在作"五音"之一的意义时(音止),不能简化为"征"。这些特点,明显增加了兼容字和对应繁体字之间关系的复杂性,增大了在阅读和应用中产生混淆和误用的几率。

　　机械地将简化字"复原"为繁体字,是近年来的常见现象,为叙述方便,姑且将这种现象称为"**反推**"。例如逢"里"必反推为"裏",逢"斗"必反推为"鬥",遇"后"必反推为"後",见"松"必反推为"鬆"等等。于是诗词里出现了"十裏长堤"、"氣衝鬥牛",卡拉OK字幕打出了"落葉鬆",识者往往一笑了之。至于新修的后土祠匾额上大书"後土祠",国际旅游节的花车上宣传"乾隆故裏",见了恐怕就笑不出来了。这种情况甚至还出现在治学上。例如有一部总体较好的简体版《庄子浅释》,其中"齐物论"有一句"五者园而几向方矣",此书将"园"字改成了"圜"字,就令人大惑不解。"园"是"園"的简化字,不错,但既是简体版,怎么独将此字改繁了呢? 原来"园"也是古已有之的兼容字,其本义就是"削使圆",读作"刓",《庄子》句中正用此义。出错的原因不好揣测,如果不是排印上的问题,是否是编者见到旧版中竟出现"简化字",觉得不可思议,情不自禁地作了与全书体例相悖的反推呢？

　　至于不加分析地使用简化字来书写古汉语或刊印古籍，有时也会产生舛误，这类舛误，可简称之为"**误简**"。因为有的繁体字只有在作某些意义使用时可简化，而在作其他意义时不能简化。例如"藉"字，只有在作凭藉、藉口意义时可简化为"借"，而在其他义项上，如《赤壁赋》的"相与枕藉乎舟中"（藉表铺垫），这里的"藉"应当用本字，绝不可简化为"借"。而且有的繁体字有不止一个简体。例如"餘"可简化为"余"，但"余"是兼容字，本义是第一人称"我"，在古籍中是常见字，有时在特定语境中容易与表示多余的"余"混淆，如"餘年無多"的"餘"就不应作"余"，而可使用餘的另一个简化字"馀"，这是偏旁简化的衍生字。在这种情况下用简化字，必须择义而从，不可简单盲目，否则就会产生歧义。还有一种情形，就是对旧版古籍中的相关繁体字未加详审，误认其为另一个形近或音近的字，再对其进行简化，更弄得面目全非。例如曹聚仁《中国学术思想史随笔》的简体版，有引梁元帝《金楼子》云："绮谷纷披，宫徵靡曼，唇吻遒会，情灵摇荡"，此间的"谷"，便是一误再误的产物。检原字当作"縠"，被误认作"穀"，再简化为"谷"。该书又引《文心雕龙》云"疏沦五藏，澡雪精神"，其中"沦"字本作"瀹"，被误作"淪"，再简为"沦"（此误当与曹先生无关，因原书初在香港发表，是繁体版无疑，类似错讹应是改为简体版时所出，此时先生已逝）。此外，坊间有不少古代工具书的简体版，如《尔雅》，其文有"……攻、谷、介、徽，善也"。这里的"谷"是"穀"的简化字，但又是兼容字，其本义是山谷，只有在表示谷物的意义时才与"穀"相通。在古代有"善"义的是"穀"不是"谷"。如果人们遇到"江海为百谷王"，便用《尔雅》去以善释"谷"，岂非与原意大相径庭？窃以为像这类解字之书，还是保持原貌为妥。因为有志于学的人，自会去用功；而有心帮人去学的人，去做做现代的注疏就可以了。

　　总之，无论第一类还是第二类问题，容易产生混淆和迷惑的根源，都存在于兼容字的阅读和应用之中。所以，只要紧紧抓住这一解决问题的关键，透彻了解兼容字与相应繁体字的音义及其相互关系，看似纷繁杂乱的问题，就会变得简单而容易解决了。

二

　　简化字字式：新创与旧有；字式旧有的简化字：古
　　之俗字、异体字与兼容字；兼容字与对应繁体字的关系——
　　平行、交叉、取代、借形

　　《汉字简化总表》(以下简称《总表》)一、二表所列简化单字共482个(其中二表可作简化偏旁用的单字132个)，简化偏旁14个，由二表所列简化字及简化偏旁得出的简化字(衍生字)1753个，共计列简化字2349个。当然，其他的衍生字不可能尽列，实际应用的简化字还会更多些。两千多字的总量不可谓小，但真正要掌握的关键还在那近500个单字和偏旁上。因为众多的衍生字，只是二表的132个单字和14个偏旁的局部延伸，纲举自然目张。

　　在讨论之前必须明确，本书讨论的所有字的字式，都限于楷书。因为"楷书是汉字字体的最后形式"(王力语)，而古今通行的出版物(有别于抄本或书法作品)，基本上均用楷书字式。之所以要这么限定，是因为其他书体，尤其是行书、草书中，早已出现过类似今日简化字或简化偏旁的字式。这些字式，如书法、碑刻中出现的"亚"、"夹"、"长"等等，偏旁的"马"、"纟"、"车"、"贝"、"饣"等等，无疑也为当今的汉字简化工作，作了字形上和心理接受上的铺垫和准备。这些字式或偏旁产生的衍生字数量甚多，由于有这种历史渊源，今天将这类字定为简化字，大大减少了人们的陌生感和排斥感。但是，这些字式一般只出现于某些特定场合或适应某些特定用途,极少出现于流通的典籍中,尤其是印刷术发明后的一千多年来,大量通行的版印典籍,几乎概用楷体字,而楷书更自唐宋以来即被定为公文和墨卷的标准字式。所以,本书讨论的兼容字和繁体字的字式限定为楷书,以免在《总表》范围之外旁生枝节,反令人无所适从。

上文所述关键的482个简化字,按其字式可分为两大类。

第一类,其字式是先前没有而"新创"的,如"关"、"习"、"飞"、"产"、"刘"、"边"、"灭"等等。既然古之所无,当然也不会有它们的古音义。换言之,如果我们读旧版古籍,是不会碰到这类字的。碰到的,只会是被它们简化的对应繁体字。如果编印简体版古籍,这类字的简化也不会产生任何音义方面的混淆,因为这仅仅是字符的改变而并不改变繁体字固有的音义。这类字大致占总数的一半多一点。

第二类,其字式是古已有之的,我们不仅可以在旧籍中看到它们,甚至常常可以发现对应的繁体字与之并存。比如"雲氣西行,云云然冬夏不辍"(见《吕氏春秋》),句中"云"、"雲"简繁并存。这类字又可分为两种类型。

1. 字式虽古已有之,但它们只是对应繁体字的简化字,即旧称所谓"俗字",其音义完全等同于对应的繁体字,只是古人早为我们做了字符转换的简化工作而已。事实上,汉字字式的发展一直存在两条路径:增繁和简化。汉字简化的发起者,往往是社会中下层的人民,他们的主要精力都用在谋生办事上,极不愿也不可能在书写繁难的汉字上多费心力和时间,从而促使他们将一些字形甚繁的字以简笔书写,创造出一批批的"俗字",如"阴"、"阳"、"双"、"庙"、"尔"、"与"、"献"、"恋"等等。这类字已大量存在于18世纪的《康熙字典》中,表明当时的官方至少已经承认了它们的存在。这类字在阅读和理解上,不会与对应的繁体字产生混淆和误解。在《总表》中,收入这类字六七十个,已由"俗"而转"正"了。

2. 不仅字式古已有之,而且有其本音、本义,在音义上与对应的繁体字存在着或大或小的区别,即前文论及的兼容字,如"斗"、"干"、"后"、"坏"、"台"、"几"、"宁"、"朴"等等。它的一身二任的特点,正是在阅读和应用中产生种种问题的主因。尽可能地厘清兼容字和对应繁体字之间的关系,是解决这些问题的关键,也是本书的主要任务。本书共抉取这类兼容字 153 个。

至此,我们已将解决问题的关键,聚焦到了这 150 余个字上。加上对应的繁体字,也不过三百有余的规模。而这一部分字,又可细分为四种类型,即:

(1) 简化字与对应的繁体字,在旧时是完全不相干的两个字。有的虽音近或音同,但义项截然不同;有的则音义俱异。如"里"与"裏"、"宁"与"寧"、"筑"与"築",都是意义完全不相干的字。这种简繁关系,不妨称为**"平行式"**,恰如两条平行线,不存在义项上的交汇点。这类字数量不大,但致误的能量极大,应加以重点关注。

(2) 简化字与对应的繁体字之间,有或多或少的义项相通,但除此之外,又各具其特有的义项。如"辟"与"闢",只有在"打开"这一义项上相通,其余义项都不同;又如"回"与"迴",大部分义项相通,但在表"奸邪"义之"奸回"中,绝不能用"迴"。两者的关系,近似**"交叉式"**,除了交汇处外,又各行其道。对这类字,人们往往专注其同而忽视其异,而这一忽视,又偏偏导致出错。这类字数量略多,也应该重点关注。

(3) 部分与简化字对应的繁体字,其实没有多大存在的必要。这类繁体字,大多是后人踵事增繁的产物。有的义项单一,如"蔔"、"鬍"、"睏"、"麵";有的仅作表音,如"鼕"、"閒"。这类字与对应简化字之间的关系,可谓"繁无多义,以简代繁",简言之即**"取代"**。这类字数量不多,作一般了解即可。

(4) 部分简化字的字式虽为旧有,但大多不见或罕见于典籍文献,可见古人也极少使用。有的是释、道家造作的奇字,不见于俗书;有的甚至有音无义,除某些字书所载外别无用例。如"币"、"邓"、"叹"、"怀"等等。这类字用作对应繁体字的简体,只是利用其较简便的字式而已,其本音本义几乎可以忽略。这种关系,可简称为"**借形**"。这类字数量相对较多,但也只需作一般了解。需要说明的是,这一类字中,有的是可以归入旧有的"俗体字"中去的,但它们毕竟还具有自身独立的音义,尚不能与对应繁体字完全等同,故仍存以备考。

本书的主体,即是对上述 150 余个兼容字及其对应的繁体字进行解释和辨析。

三

正文结构;凡例;术语界定

(一) 本书的正文,即对 150 余个兼容字及其对应的繁体字进行释音、释义,并就其字源、沿革和相互关系作一点必要的辨析。因此,每组简体/繁体字下都包含两部分内容:

1. 释字。对每组简体/繁体字,分别释音、义。这部分工作,只是帮读者翻检字典而已。释文绝大部分摘录自《王力古汉语字典》(以下简称《王力》),因而,王书的"凡例",也适用于这一部分,本书只对采用的内容在下文作相关说明。凡《王力》不载之字,释文则取自《汉语大字典》或《康熙字典》(以下简称《康熙》)。《王力》、《康熙》释文均用繁体字,本书引用时都改为简化字,同时作者的辨析也用简化字,只在使用例句所需时才采用相关的繁体字。

2. 辨析。对每组字进行辨析。这是作者的杂说,有话则长,无话则短,初衷是对各字及其相互关系的沿革、异同、应用及应注意之处加以阐发,兼及相关的语言学、文字学常识,以冀增进读者对每组字的理解,减少误会误用。文中所引甲骨文,多采自徐中舒《甲骨文字典》。

(二) 本书所收各组字的形、音、义,采用如下标准:

1. 形。以《总表》所列字式为标准字式,与之稍有不同者,即不采用。唯字书所谓"又作"、"也作",其字式同于《总表》者,也予采纳。如"冲",《康熙》、《王力》均标明"又作'冲'",而《总表》作"冲",故采用。本书选字范围,尤其是衍生字,仅限于《总表》所收者。

2. 音。取《王力》之现代及中古音。即字后的汉语拼音表现代音,反切、声调表中古音。因上古无反切,字音多为后人推断,一般读者可不必去深究,也不至对阅读和理解有大影响。

3. 义。由于本书问题的提出与解决,都是以简繁两种字式并存为背景的,因而书中所列各字的义项,均以"古"义为主,一般以清代为下限,恰与《王力》取义标准相符。《王力》关于"后起义"与"晚起义"的界定,本书一以因之,即:"后起义"指魏晋至唐宋时期产生的词义,"晚起义"指元明以后产生的词义。而"后起字"与"晚起字",则指其字式产生的时期,也与上述划分标准一致。至于必须涉及的近现代字及其音义,则在"辨析"中加以说明。

(三) 为叙述方便,本书使用了几个相关术语,因其未必能得到普遍认可,故只能看作是作者的权宜。这些术语前文均已述及,现集中复述如下:

"沿用字"——字形未经简化,历史上一直沿用至今的字类。

"兼容字"——既是沿用字,又是对应繁体字的简化字;既保持了其自身固有的音义,又兼容了被简化的繁体字的音义。

"反　推"——机械地按照《总表》将简化字"还原"为繁体字。

"误　简"——不加分析地用简化字来书写古汉语或刊印古籍所产生的错误(此语有与"错简"混淆之嫌,聊存以充一说。）

这些都是推行汉字简化方案后新语境中形成的特定概念,因为在国家推行简化字之前,完全没有必要引入这类概念。而伴随汉字发展全过程的,则是不断出现的"俗字"与"异体字"。这里也有必要附带说明——俗字,又称俗体字,实际上是产生于民间的、对较繁的本字(即所谓正字,与俗相对)加以简化的简化字。由于其出自下层,往往为高雅之士所不齿,更不用于较正式的场合。异体字,又称别体字,是某个字的另一种写法(指不同字式,不指字体),这类字可简于本字,也可繁于本字。

本书的体例,实在说不出个名目来。它不是字典,但又必须大量引用字典;它不是学术论文,但又绝不能像拆字先生的凿空乱道,必须言而有据,言之成理;它不是杂感小品,但又糅入作者的体会感受,行文也力求通俗活泼。

因此,本书只是我学习有关文字知识的一点体会,同时为读者提供一份经过甄别圈定的资料。如能借此使读者深化对简化字乃至祖国文字的认识,廓清对简化字的某些误解,则余愿足矣。题中"指南"云云,似有井蛙之妄。但"牧童遥指杏花村",不也是"指"么?本书之指,牧童野人之指也。

因本人学养有限,书中舛误必不少,恳祈读者方家指正。

2014.10

目　　录

导言 ……………………………………………… 1

字目拼音索引 …………………………………… 1

正文 ……………………………………………… 1

附录一　简化字中的旧有俗字 ………………… 207

附录二　简化字总表 …………………………… 208

字目拼音索引

B

板(闆) ………… 1
币(幣) ………… 2
表(錶) ………… 3
别(彆) ………… 5
卜(蔔) ………… 7

C

才(纔) ………… 8
忏(懺) ………… 9
厂(廠) ………… 10
柽(檉) ………… 12
冲(衝) ………… 12
虫(蟲) ………… 14
丑(醜) ………… 15
出(齣) ………… 17

D

达(達) ………… 18
担(擔) ………… 19
党(黨) ………… 21

灯(燈) ………… 22
邓(鄧) ………… 23
籴(糴) ………… 24
冬(鼕) ………… 25
斗(鬥) ………… 26

E

儿(兒) ………… 27

F

范(範) ………… 29
奋(奮) ………… 30
丰(豐) ………… 31
复(復、複) ………… 32

G

干(乾、幹) ………… 34
赶(趕) ………… 37
个(個) ………… 38
沟(溝) ………… 39
谷(穀) ………… 40
刮(颳) ………… 42

广(廣) ………… 44
柜(櫃) ………… 45

H

合(閤) ………… 46
后(後) ………… 49
胡(鬍) ………… 50
划(劃) ………… 53
怀(懷) ………… 54
坏(壞) ………… 55
回(迴) ………… 56
伙(夥) ………… 58

J

积(積) ………… 59
机(機) ………… 60
几(幾) ………… 61
极(極) ………… 64
家(傢) ………… 65
价(價) ………… 66
茧(繭) ………… 67
荐(薦) ………… 68

姜(薑) ………… 69

胶(膠) ………… 70

洁(潔) ………… 71

借(藉) ………… 72

仅(僅) ………… 74

惊(驚) ………… 75

据(據) ………… 76

卷(捲) ………… 77

K

开(開) ………… 79

忾(愾) ………… 80

克(剋) ………… 81

垦(墾) ………… 82

夸(誇) ………… 83

块(塊) ………… 85

亏(虧) ………… 86

困(睏) ………… 87

L

腊(臘) ………… 88

蜡(蠟) ………… 89

离(離) ………… 91

漓(灕) ………… 92

篱(籬) ………… 93

里(裏) ………… 94

隶(隸) ………… 95

帘(簾) ………… 96

怜(憐) ………… 98

了(瞭) ………… 99

猎(獵) ………… 101

岭(嶺) ………… 102

卤(鹵、滷) ……… 103

录(錄) ………… 104

虑(慮) ………… 106

M

么(麼) ………… 107

蒙(矇、濛、懞)

………… 110

面(麵) ………… 112

蔑(衊) ………… 115

N

宁(寧) ………… 116

泞(濘) ………… 118

P

辟(闢) ………… 119

苹(蘋) ………… 122

凭(憑) ………… 123

仆(僕) ………… 124

朴(樸) ………… 126

Q

启(啓) ………… 127

气(氣) ………… 128

千(韆) ………… 130

乔(喬) ………… 131

秋(鞦) ………… 132

曲(麯) ………… 133

确(確) ………… 134

R

扰(擾) ………… 135

S

洒(灑) ………… 136

舍(捨) ………… 138

沈(瀋) ………… 140

圣(聖) ………… 141

胜(勝) ………… 143

适(適) ………… 144

术(術) ………… 147

松(鬆) ………… 148

T

台(臺、檯、颱)

………… 149

叹(嘆) ………… 152

体(體) ………… 153

听(聽) ………… 154

涂(塗) ………… 155

团(團) ………… 157

W

洼(窪) ………… 157

袜(襪) ………… 158

万(萬) ………… 160

网(網) ………… 161

X

系(係、繫) …… 162

咸(鹹) ………… 164

宪(憲) ………… 165

向(嚮) ………… 166

旋(鏇) ………… 167

Y

痒(癢) ………… 169

样(樣) ………… 170

医(醫) ………… 171

叶(葉) ………… 172

踊(踴) ………… 173

忧(憂) ………… 174

优(優) ………… 176

犹(猶) ………… 177

邮(郵) ………… 178

余(餘) ………… 179

御(禦) ………… 180

吁(籲) ………… 182

郁(鬱) ………… 182

园(園) ………… 185

愿(願) ………… 186

云(雲) ………… 187

芸(蕓) ………… 188

运(運) ………… 189

Z

折(摺) ………… 190

征(徵) ………… 192

症(癥) ………… 193

只(隻、祇、衹)
………… 194

致(緻) ………… 196

制(製) ………… 198

种(種) ………… 200

众(衆) ………… 201

朱(硃) ………… 202

烛(燭) ………… 203

筑(築) ………… 203

庄(莊) ………… 205

板/闆

【释字】

板 bǎn　布绾切,上声。

(1) 片状的木头、木板。《诗经·秦风》:"在其～屋,乱我心曲。"亦特指筑墙用的木板。(2) 诏板。指帝王的诏书或官府的文件。引申为以板授官。(3) 笏板、手板。《后汉书·礼仪志》:"八能士各书～言事。"(4) 印板(后起义)。《朱子语类》:"千部万部印去,只是一个印～。"(5) 刑具。元关汉卿《金钱池》:"这四十～便饶了。"(6) 板结、结成硬块(后起义)。明宋应星《天工开物》:"遇大雨～土,则不复活。"(7) "板板":邪辟、反常。《诗经·大雅》:"上帝～～,下民作瘅。"

闆 1. pǎn　(后起义)《玉篇》:"匹限切,门中视。"

2. bǎn　布绾切,上声。近代音。旧时商店主人称"老～"。1935年《麻城县志续编·方言》:"称店主人曰老～。"

【辨析】

"板"字极古老,它的基本意义一直沿用至今。板在古代多与"版"相通,我国第一部影响深远的字书、东汉许慎的《说文解字》有"版"而无"板"。《说文》释"版"为"片也",清代朴学家段玉裁注云:"凡施于宫室器用者皆曰版,今字作板。"有一种筑土墙用的木夹板,就叫做板或版,《孟子》所谓"傅说举于版筑之间",那"版"就指它(参见"筑"条)。《诗经》里的"板屋",就是今天南方俗称的"土墙房子"、北方的"干打垒",而不是木板房。这种屋子,比起初民的穴地而居来,已是极大的进步,《诗经》津津乐道,说明住上这种"板屋",在当时是颇值得夸示于人的事。

"闆"字远比"板"字后出。虽为《玉篇》所收,但有音义而无用例,以后的字书也都如此,足见古人绝少或不用此字。《玉篇》为南朝梁顾野王撰,是《说文》后的又一大字书。

"闆"的近现代读音已如"板",且仅在组为"老板"等词时作表音,已与其古音义完全无关了。这是典型的"繁无多义",要作反推,空间是极狭的。简为板,于义无伤。

币/幣

【释字】

币　yìn　音印。《康熙字典》引《龙龛手鉴》:"同印。"

幣　bì　毗祭切,去声。

(1) 古代以束帛为祭祀或馈赠的礼物,叫做幣。《左传·隐公二年》:"宋公使公孙寿来纳～。"又《左传·庄公二十五年》:"于是乎用～于社。"(2) 财。《管子·国蓄》:"以珠玉为上～,以黄金为中～,以刀布为下～。"引申为货币。《史记·吴王濞列传》:"乱天下～。"(3) 通"敝"。

【辨析】

"币"字《王力》不收,《康熙》引《龙龛手鉴》(下简称为《龙龛》)虽解其音义都"同印",但也不举其用例。《龙龛》是辽代释行均所撰,相当于僧人的专业术语书,正如此书宗旨所谓"唯明梵语,余无所载"。古时僧道常常创出一些奇字怪字,除了教内之人,外人很少能看懂。

如"瓤"(吃)、"皈"(归),都是这种来头。其极端如禅宗的"圆相"一脉,竞竞造奇字以斗机锋,恰似道士之画符。所以,"币"的这一音义,俗人是不用的,事实上古籍中也不见其用例。采用它作"幣"的简化字,纯属借形,而且很容易被现代人掌握,在使用中也不会产生混淆。

像这类由僧道造作的字式,尚有不少,同出《龙龛》者即有"叹"、"团"、"优"、"块"等等,今天用作简化字,也是借用其形,与其本身的音义大多无关。

除了"币"外,古文中倒常出现"帀"(上面是一横,不是一撇)字,那是"匝"(音扎)的别体,如《古文苑》所载《美人赋》:"金帀熏香"的"帀"字,很容易与"币"字相混。

表/錶

【释字】

表 biǎo　陂矫切,上声。

(1) 穿在外面的衣服。《说文》:"～,上衣也。"(2) 外。与"里"相对。《左传·僖公二十八年》:"若其不捷,～里山河,必无害也。"(3) 中表,表亲。(4) 标志,标记。尹知章注《管子》:"～谓以木为标,有所告示也。"(5) 表明,表白。唐刘知几《史通》:"或援誓以～心。"(6) 表彰,表扬。《左传·襄公十四年》:"世胙大师,以～东海。"(7) 古代天文仪器圭表(计时器)的组成部分。(8) 文体名。如诸葛亮《出师～》。(9) 表格,图表。如《史记·六国年～》。

錶 biǎo
(晚起义)可以随身携带的小计时器,如"手～"、"怀～"。《老

残游记》第十六回："人瑞腰里摸出～来一看……"（现代义）
又为测量某种量的仪器，如"水～"、"电～"。

【辨析】

"表"，本义就是《说文》所谓的"上衣"，段注："上衣者，衣之在外者也"，其实是专指外衣，并非今天笼而统之的上衣，而且古人"若出行接宾客，皆加上衣"，这还是必不可少的礼仪。由此引申为外，是自然之理。表与标音近，其标杆、标志等义，大概即自标假借而来。"假"也是借的意思，前人将某字借用为音同或音近的另一个字的现象，称为"音假"，这是中古以前极普遍的用法，读古籍时应注意这一特点。借久了，有时难免"租田当自产"，借来的意义竟成了自身的基本义，也是常有的事。比如今天常用的"莘莘学子"的莘莘，原来用的是"甡甡"，也有用"侁侁"、"駪駪"、"詵詵"的，最终才固定在"莘莘"上。

"錶"字极晚起，至《康熙》（1716 年）尚未收此字。古人计时，多用圭表。圭是一种上尖下方的古代玉器，将它拉长了颇像今天钟表的指针。圭的特征是一端为尖角，所以古人有"不露圭角"的说法。将一根标杆制成一端尖的圭形，垂直竖立在一个标有刻度的圆盘中心，阳光下标杆在圆盘上的投影，会随时间的推移而发生长短和方位的变化，这种装置就是圭表。古人即以表的日影在盘上的长短、方位来计时。今日北京的世纪坛、上海浦东大道的中心雕塑，便是圭表的形象。但在夜间或阴雨之日，圭表便无以为用。古代能全天候使用的计时器是滴漏，但这绝非一般民间之物，携带出行更是几乎不可能的。现代意义上的钟表，晚至明代才由西洋引进，历三五百年至解放初，犹为一般庶民眼中稀罕之物。故引进之初，尚无人为之刻意造字来表示，后来当有好事者专造"錶"字，用来专指这类玩意中的小巧者（有别于钟）。"金"旁指此物多以金属制造,至以金壳镶钻为贵者;"表"则取本字圭表计时的古义,带了点传统的气息,也不失为聪明。但其义仅限于此,远不如"表"字的义项丰富、应用广泛。西学东渐,造作新字新词以适应新事物,是明清至民国时期学界的一大风潮。例如大部分化学元素名称,均属新构之字,如此者不胜枚举,而这类字也多为专称,义项甚狭。

可见,以"表"代"錶",不存在任何问题;如欲反推,则当审慎。

别/弊

【释字】

别　bié　彼列切,入声。

(1) 分别。《礼记·乐记》:"好恶著则贤不有~矣。"(2) 另外。《史记·高祖本纪》:"使沛公项羽~攻城阳。"(3) 离别。杜甫《赠卫八处士》:"昔~君未婚,儿女忽成行。"

【按】"别"字《王力》(1)(2)与(3)分注二音,今依王力引《说文》段注"古无是也",作一音。

弊　biè　必结切,入声。

(1) 弓两端向外弯曲的地方。《诗·小雅》:"象弭鱼服",郑玄笺:"弭,弓反末~者,以象骨为之,以助御者解辔也"。(2) 不顺,不相投(近代义)。如"~扭"。(3) 方言,改变别人的意见或习性(近代义)。如"把他的坏脾气慢慢~过来"。

【辨析】

"别"的古义与现代义几乎是一以贯之的,并没有横生枝节之处,我们可以毫不困难地读出其在古文中的各个义项来。

　　有意思的是"彆"。字从"弓",其本义确也是弓上的一个构件。《说文》不收"彆"字,直到清代段玉裁注《说文》,才补收此字。而"彆"出现于典籍,是在汉代郑玄为《诗经》作的笺(即注)中,此笺实为释"弭"字(见释字)。宋人徐铉注《说文》,首于"弭"下引郑笺,而此例几乎成为"彆"字现身的孤证。因为此后字书,或不收该字(如《王力》),或虽收(如《汉语大字典》)而释义仅引郑笺,竟无其他例条。实际上看了郑笺,也还是不大弄得清这个"彆"是个什么东西。清人孙诒让在释《尔雅》的"缘"字时说:"缘谓系束而漆之,弭谓不以系束骨饰两头者也。"原来周人的弓有两类,一类是用绳缠束弓身再施髹漆的,叫做"缘"弓;另一类弓身不用绳缠绕,只在弓弰处装上两个骨制的构件,叫做"弭"弓。而这个构件就是"彆",它大概略突出于弓身,材质用骨,用象骨也许高级些。它的作用是"助御者解辔也"。古人地位越高,驾车的马也多些,而车战时代的战车,多用四马,所谓"驾彼四牡(公马)",一旦奔驰战斗起来,一大把马缰绳(即辔)自然容易纠缠交结,这时驾车人(御者)就可取出"弭"来,用"彆"去挑开缰绳、理顺杂乱纠纷。可见"彆"是"弭"的标志物,也是"弭"的功用之载体;反之,没有"弭",也就没有"彆"。后来,随着古战车退出历史舞台,与之匹配的"弭"连同"彆"也淡出了人们的视线,只有"弭"的引申义"消除"、"安定"等被沿用了下来。可怜"彆"被完全丢在一旁,其本义即解郑笺者也语焉不详,足见应用实为文字生命力之根本。

　　"彆"的近现代义,实际上只为方言口语作表音,与其本义完全无关了。"彆"早已被古人冷落,简化为"别",无伤于义;而"别"则增加了表方言口语的二读,去声 biè。"别"字几乎没有反推的余地。

卜／萐

【释字】

卜　bǔ　博木切，入声。

古人用火灼龟甲取兆，以预测吉凶，叫卜。《尚书·召诰》："太保朝至于洛，～宅。"引申为以己意推测。晋嵇康《与山巨源绝交书》："自～已审，若道尽途穷，则已耳。"此外尚有赐予义。《诗·小雅》："～尔百福"，郑玄笺："卜，予也。"

萐　bó　蒲北切，入声。

《康熙字典》："同萉。"萉即萝卜。另有花名"簷～"。

【辨析】

"卜"是中华初民的一种古老的占卜程式。尤其在商代，凡国有事，举凡征伐、农事、气候、人事等等，无论大小，必先用卜。商人占卜的过程大体上是这样的：将龟甲或牛的肩胛骨先行钻凿，然后置火上烧灼，此时龟甲或牛骨上会出现一系列裂痕，叫做"兆"。占卜师(巫)即依据兆纹得出吉凶休咎的判断，然后在甲或骨上刻上占卜的结果。所刻的文字，就是今天所谓的甲骨文(简称甲文)，也叫"卜辞"。这是迄今发现的我国最早的已较成熟的文字。事实上，卜的甲文就作ㄣ，即裂痕之像。本书引用部分甲文，目的是为汉字追根溯源。自甲文发现后的百多年来，经历代学者的研究，已有一千多字得到释读，其形、义大致已得到学界公认；但甲文的读音，至今仍蒙鸿混沌，几乎连猜测的可能性都不大。与卜的功用类似的还有"筮"。筮是根据《周易》的原理，利用抽取蓍草的结果来预测吉凶的办法。

中古以前,萝卜叫做"菔"、"莱菔"、"芦菔"。叫做"萝蔔",大约是唐宋以后的事。宋人邢昺疏《尔雅》"芦菔"曰:"今谓之萝蔔是也。""蔔"义甚狭,几为专用名词。简化为"卜",取其音,现代汉语读作轻音 bo。

两字在古代完全不相干,不容混淆。

才/纔

【释字】

才　cái　昨哉切,平声。

(1) 才能。《论语·先进》:"～不～,亦各言其志也。"(2) 通"材"。资质,品质。《孟子·告子上》:"富岁子弟多赖,凶岁子弟多暴,非天之降～尔殊也。"(3) 通"纔"。副词。方始,仅。《晋书·谢安传·附谢混》:"～小富贵,便豫人家事。"

【备考】　通"裁"。裁夺。《战国策·赵策》:"今有城市之邑七十,愿拜内之于王,唯王～之。"

纔　1. cái　昨哉切,平声。

副词。后作"才"。(1) 刚才,刚刚,表示时间短暂。《汉书·晁错传》:"救之,少发则不足;多发,远县～至,则胡又已去。"(2) 仅仅。表示数量少,程度轻。晋陶渊明《桃花源记》:"初极狭,～通人"。

2. shān　所衔切,平声。

淡青,微黑。《说文》:"～,帛雀头色。一曰微黑色如绀。"

【辨析】

"才",甲文作 ✦,示草木初生,自地平面下冒出,本具"刚刚"、"刚才"之义,但卜辞的"才"都用作"在"义,而不用其本义。后来有了"在"字,"才"才不再用作"在",不仅恢复了本义作副词的"刚才"义,而且引申出作实词的"才能"、"资质"、"品质"等意义。

"纔",《说文》从糸(丝),本义是一种黑红色的丝织品,读作山。据段玉裁考证,"纔"字就是"今经典缲字",其本义既被缲字取代而罕用,反而其通假之义,即"才"的"刚才"义成了基本义。不过古人表示刚才之义,尚有"材"、"财"、"裁"等字,也属同音通假的惯例。

"纔"通"才",只限于作副词的"刚才"等义项,而不具备"才"作实词时的"才能"等义项。

因此,两字的关系是交叉式,使用时应注意分别其异同。

忏/懺

【释字】

忏 1. qiǎn 音浅,七典切,上声。《玉篇》:"怒也。"

2. qiān 音千,仓先切,平声。扬雄《方言》:"自关而西秦晋之间呼好为～。"

懺 chàn 楚鉴切,去声。

后起字。梵语忏摩、忏悔。南齐萧子良《净住子修理六根门》:"前已～其重恶,则三业俱明。"引申为僧侣为人礼祷忏悔。《梁书·庾诜传》:"宅内立道场,环绕礼～,六时不辍。"所诵之经也叫～。

【辨析】

"忏"字《说文》、《王力》皆不收。《玉篇》释"怒",却无用例;扬子《方言》是汉代扬雄记录当时及汉以前古方言的专著,"忏"作为古代方言,在当时就有地域限制,在今天则除了汉语史的意义外,完全没有实际应用的意义。但无论如何,"忏"的字式是很早就有了。

"忏"是佛家语。佛教虽自东汉入中国,但大规模的译经却从南北朝始。"忏"是梵语(古印度语)"忏摩"(kṣama)的略音,其义为"悔",当时的译家将音译与意译合为一词,即为"忏悔",以至我们用了一千多年,已浑然不觉这是个外来词。这种译法,今天还在用,比如"新西兰","新"是意译,"西兰"是音译,融为一词,也颇雅、信。

汉字不是拼音文字,有时对外来词作音译,往往找不到对应的现成汉字(即使今日不少汉语方言,也常常找不到对应的汉字来表音)。这时聪明的译家就要造字,比如这个"忏"。现成而音近的倒是有个"谶"(chèn),是一种预言吉凶的文字或图箓。汉晋间人极重所谓"谶纬之学",就是用这类图、文来作预言预测,从神秘主义这个内涵来看,和释家的"忏"倒有相通之处。于是让"谶"换个偏旁,从了忄(心),似乎让悔意及于内心,就有了新字"忏"。事实上,后来"谶"也通于"忏",都有"忏悔"义。

"忏"字所从之"韱",《说文》释为"山韭也",读"息廉切",似"纤"音。从"韱"的字,简化情况有种种,如"殱"、"纖"简化为"歼"、"纤","籤"简化为"签",而"讖"只简化为"谶",仅对偏旁作简化。

用"忏"作"忏"的简化字,纯属借形。

厂/廠

【释字】

厂　hǎn　呼旱切,上声。

山崖。《说文》:"～,山石之崖岩,人可居。"

厂厂 chǎng　昌两切,上声。

后起字。(1) 小屋。《广韵》:"～,露舍也。"《集韵》:"～,屋无壁也。"北魏贾思勰《齐民要术·养鸡》:"别筑墙匡,开小门,作小～,令鸡避雨日。"(2) 制造器物的工场(晚起义)。《明史·食货志五》:"正德十四年,广州置铁～。"(3) 明代税收机关之一。《明史·食货志六》:"水陆行数十里,即树旗建～,视商贾懦者肆为攘夺,没其赀。"(4) 明代的一种特务机构,如"东～"、"西～"。(5) 通敞。

【辨析】

"厂"音罕,义为山崖,而且是特殊的山崖。即崖壁上部突出,形成天然的"棚顶",而在其下的凹入处,自然就"人可居"了。"厂"虽然早有了独立的字式和音义,但在字书中,只用作部首,典籍中也没有其单字的用例。

"廠"从"广"(不从厂),"敞"声。"广"与山崖也有点关系,是"因崖架成的屋"。同为倚崖,"厂"纯天然,"广"则人为。

"廠"字后起。释文所引《广韵》、《集韵》都是北宋人编的书。其初义一为"露舍",即敞顶,有壁无顶;一为"屋无壁",则有顶无壁。总之,有时像围场,有时像凉棚,总有一面敞着。高堂大厦、华屋崇殿是不会用"廠"来表示的。到了明代,才由"廠"衍生出"工厂"及一些特殊机构的名称来。但当时做工厂的自不必用什么好房子(日本人至今还干脆叫做"工场"),大名鼎鼎的东、西"廠"虽然令人谈虎色变,但终究只是太监把持的机构。

"廠"简为"厂",也可视同借形。

柽/桯

【释字】

柽 jué

《字汇补》:"～,其月切,音撅。出释典。"

桯 chēng   丑贞切,平声。

树名。《说文》:"～,河柳也。"唐杜甫《伤秋》:"白蒋风飔脆,殷～晓夜稀。"

【辨析】

"柽"字比"币"字更甚,有音而无义,具形而已。只见于释典,看来也是僧人玩的花样。它作为由偏旁简化衍生的简化字,音义俱从"桯"。

冲/衝

【释字】

冲 也作沖。chōng   直弓切,平声。

(1) 水涌动。《说文》:"～,涌摇也。"引申为冲洗、冲刷(晚起义)。清黄兆敏《黄山纪游》:"此处古有桥名圣泉,乾隆间为蛟水～塌。"(2) 空虚。《老子》:"大盈若～,其用不穷。"引申为谦虚。《晋书·恭帝纪》:"大司马明德懋亲……雅尚～挹,四门弗辟。"(3) 幼小。《书·盘庚》:"肆予～人,非废厥谋,吊

由灵。"(4) 直飞而上。《韩非子·喻老》:"虽无飞,飞必
～天。"

衝 chōng　尺容切,平声。

(1) 交通要道。《左传》:"及～,击之以戈。"《史记·郦生陆贾
列传》:"夫陈留,天下之～。"(2) 突击、冲击。《广韵》:"当也
向也突也。"古有～车、～舟。《三国志·吴书·贺齐传》:"齐
性奢绮,蒙～斗舰之属望之若山。"

【辨析】

　　"冲"是"沖"的异体,当从水。甲文作🐟,已具"沖"形。"沖"
的本义与水有关。"涌摇",是骚动之水,后来引申为冲刷是自然之
理;水动至甚,可成"滔天"之势,即为"冲天"。朱谦之(故北大教
授)解《老子》"道冲,而用之久不盈"时说:"冲,傅奕本作'盅','盅'
即'冲'之古文。《说文·皿部》:盅,器虚也。《老子》: 道盅而用
之。"由此可见,"冲"的"空虚"等义,是在假借为"盅"时得来的。
"盅"是中空的容器,中间看似虚无的空间,却正是派用场之处,只
要容得下,什么都可放进去,正如老子所云"当其无,有器之用"。
所以老子尚无,提倡冲虚、谦虚,此妙道也,并非让人什么都不干,
而是另有妙用。

　　"衝"从"行",即甲文之彳亍,像十字路口,唐兰所谓"四达之衢"
也。"衝"还不是一般的路,而专指路的要害之处,即"要衝",像平
型关那样的地方。这样的地方,自然是兵家必争之地。要争,就必
有突击、冲击。

　　两字各有其源。它们的动态,一与水相关,如冲刷、冲天;一与
争相关,如冲突、冲锋。要之,古代"冲虚"、"幼冲"、"冲天"不用
"衝";而"衝要"、"衝突"、"衝击"不用"冲"。这些区别在今天已经

淡化,但在作反推时必须遵循。

虫/蟲

【释字】

虫　1. huǐ　许伟切,上声。

　　毒蛇。《山海经·南山经》:"羽山……无草木,多蝮~。"
　　这个意义又写作"虺"。《玉篇》:"~,此古文虺字。"

　　2. chóng　持中切,平声。

　　"蟲"的俗体。虫子。《集韵》:"蟲……俗作~。"《武威汉
　　代医简》:"治久咳上气喉中如百~鸣状。"

蟲　1. chóng　直弓切,平声。

　　(1) 昆虫的通称。《诗·齐风》:"~飞薨薨,死与子同梦。"
　　(2) 泛指一切动物(包括人在内)。《集韵·东韵》引唐李
　　阳冰曰:"裸毛羽鳞介之总称。"用于"大~",专指老虎。
　　唐李肇《国史补》:"大~老鼠,俱为十二相属。"(3) 指虫
　　灾。《旧唐书·高宗纪》:"天下四十余州旱及霜、~,百姓
　　饥乏,关中尤甚。"(4) 古地名。春秋郑国城邑,故址在今
　　山东济宁境。又姓氏。汉有功臣曲成侯~达。

　　2. tóng　徒冬切,平声。

　　"蟲蟲",热气蒸人的样子。《诗·大雅》:"旱既大甚,蕴隆
　　~~。"《尔雅》作"爞爞"。

【辨析】

　　"虫",甲文作𧈢,像三角形头的毒蛇,与"它"(蛇字的初文)实

为一字。后人另用"虺"字(虫与虺古音相同,读悔)表毒蛇,用"蛇"字表蛇类,"虫"的本义反渐湮没,而至少在汉代,古人已将其作为"蟲"的俗体字在使用了,出土的汉简是最确切的证明。

"蟲"形不见于甲文。"蟲"的本义是有足之虫,即昆虫,与"虫"音义本不同。但它在古代除了专指昆虫外,还泛指一切动物:如"裸"指人类,"毛"指兽类,"羽"指鸟类,"鳞"指鱼类,"介"指甲壳类,已经包含了古人分类中的所有动物。无独有偶,上古的"禽"字表示"走兽总名",与今天的"飞禽"也大相径庭。汉字中有不少简形叠置的字,如"焱"、"淼"、"森"等等,或强调规模之大,或表示涵盖之广,而"蟲"也有这样的意味。

总之,将"蟲"简化为"虫",我们只是在走汉代先祖们的路径。

丑/醜

【释字】

丑 chǒu　敕九切,上声。

(1) 地支的第二位。古人以干支纪日。《书·顾命》:"越翼日乙~,王崩。"(2) 十二时辰之一。指夜里一时至三时之间。(3) 戏剧里的角色(晚起义)。

醜 chǒu　昌九切,上声。

(1) 恶,不好。《说文》:"~,可恶也。"《诗·小雅·十月之交》:"日有食之,亦孔之~。"《汉书·项籍传》:"今尽王故王于~地,而王其群臣诸将善地。"又,认为丑恶,认为不好。《左传·昭公二十八年》:"恶直~正,实蕃有徒。"引申为耻辱、羞耻。《庄子·外物》:"惠以欢为骛,终身之~。"(2) 相貌难看,与"美"相对。《史记·滑稽列传》:"呼河伯妇来,视其好～。"(3) 类,同类。《国语·楚语下》:"官有十～,为亿～。"韦昭注:"～,类也。"引申为类似。《孟子·公孙丑下》:"今天下地～德齐。"又为类比。《礼记·学记》:"古之学者,比物～类。"郑玄注:"～,犹比也。"(4) 指恶人,多指敌人。《晋书·陶侃传》:"无征不克,群～破灭。"

【备考】　指动物的肛门。《礼记·内则》:"鱼去乙,鳖去～。"郑玄注:"～谓鳖窍也。"

【辨析】

在古代,这是完全无关的两个字。

"丑"是十二地支之一,甲文时代就已用于计时,一直沿用至今。"丑"没有丑恶义。戏剧里的"丑",是元明以后才产生的意义,它只是一类角色的名称,这类角色并不都是丑恶的坏人,事实上有些"丑"还很可爱。只是这类角色大都画有可笑的脸谱,看上去就有点油腔滑调,颇类西方马戏里的小丑。丑作姓氏,如明代有丑成、丑慈,此丑实在没有任何贬义。

"醜",甲文作🞵🞵,从鬼从酉。酉形像酒樽,而其旁人身而大头的怪物就是鬼。在甲文中,"醜"的意义就是憎恶、加怒。如"龙有醜",就是龙在发脾气。有趣的是初民竟会将老酒加上大头鬼,来表示恶和怒。这样的形象当然谈不上美。而"醜"有"类"义,可能与其音假为"俦"(唐以前此字作"畴")相关,"俦"即类、侣也。

"醜"的近义词是"恶"。两字都有丑恶、相貌难看的意义。王力指出:"醜"字在先秦主要用作"丑恶"义,相貌难看用"恶"字表示。汉代以后"恶"字主要用作"善恶"、"憎恶"义,相貌难看渐由"醜"取代,而"醜"的"丑恶"义也渐消失不用了。但文学作品中也有仍用古义的,如杜甫有"寄谢悠悠世上儿,不争好恶莫相疑"之句,其"好恶"即"美丑"。

总之,"丑"与"醜"在古代是绝对不能互换的,因为它们的意义是典型的平行式,没有交汇点。欲反推者更须严审。

出/齣

【释字】

出　chū　赤律切,入声。

(1) 由内到外,与"入"相对。《易·说卦》:"万物～乎震。"引申为支出。《礼记·王制》:"量入以为～。"又为超出。《论语·乡党》:"祭肉不～三日。"又为发出。《孟子·公孙丑上》:"王速～令。"又为出现。《晋书·礼志》:"臣犹谓卷多文烦,类皆重～。"(2) 逐出,与妻断绝夫妻关系。这是封建礼教所允许的。《孟子·离娄下》:"～妻屏子。"(3) 男子谓姐妹之子曰出。《左传·庄公二十二年》:"陈厉公,蔡～也。"(4) 花瓣(后起义)。南朝梁任昉《述异记》:"花杂五色,六～。"(5) 戏曲一个段落为一出(后起义)。《景德传灯录》:"药山又问:'闻汝解弄狮子,是否?'师曰:'是。'曰:'弄得几～?'师曰:'弄得六～。'"

齣　chū　音出。

晚起字。传奇一回、戏一部为一齣。《儒林外史》:"一个人做一～戏。"

【辨析】

"出"字极古老,是古汉语中最常用的动词之一,其基本义一直沿用至今。作名词、表示戏曲的一个段落的"出",是后来才产生的意义。

宋人已经将戏曲或歌舞的一个段落称为"出"。自元代杂剧、南戏大兴,这样的段落叫做"折"。明人将戏曲叫做"传奇"("传奇"作为文学类型起于唐代,唐人称小说为"传奇"),又造"齣"字表段落。

"齣"的音义都与"出"的第(5)义相同,除此了无他义。显然这样的字不造也罢,丝毫无碍于表义,复简为"出",是合理的取代。

达/達

【释字】

达 1. dá 陁葛切,入声。

同"達"。《说文》:"達或从大。"

2. tì 他计切,去声。

滑。汉王褒《洞箫赋》:"顺叙卑～,若孝子之事父也。"李善注引《字林》:"～,滑也。"

達 1. dá 唐割切,入声。

(1) 畅通。《荀子·君道》:"则公道～而私道塞矣。"引申为通到、到达。《论语·子张》:"欲速则不～。"使动用法,使到达。《国语·吴语》:"寡人其～王于甬勾东。"(2) 通晓、明白事理。《论语·乡党》:"丘未～,不敢尝。"引申为胸怀广阔、豁达(后起义)。《世说新语·德行》:"效之,不亦～乎?"(3) 表达、传达。唐白居易《采诗官》:"欲开雍蔽～人情,先向歌诗求讽刺。"(4) 显贵、显达。《孟子》:"穷

则独善其身，～则兼善天下。"使显达。《论语·雍也》:
"己欲～而～人。"(5) 通行的、共同的。《礼记·三年问》:
"夫三年之丧，天下之～丧也。"引申为普遍地。《书·召
告》:"周公朝至于洛，则～观于新邑营。"(6) 幼苗冒出地
面。《史记·乐书》:"草木茂，区萌～。"(7) 夹室。放置食
物的地方。《礼记·内则》:"天子之阁，左～五，右～五。"
又指窗户。汉张衡《东京赋》:"复庙重屋，八～九房。"

2. tà　他达切，入声。

(1) "挑达"，双声联绵字。独自往来貌。唐王维《赠吴
官》:"不如侬家任挑～，草属捞虾富春渚。"后来多用作轻
薄义，字亦作"佻佅"。(2) 小羊。《诗·大雅》:"诞弥厥
月，先生如～。"郑玄笺:"～，羊子也。"(3) 姓。

【辨析】

"达"自汉代已成为"達"的别体。其另读音"替"，义为"滑"，有
《文选》李善注为证。以"滑"摹音乐，后世亦有白居易"间关莺语花
底滑"之咏。但细审"顺叙卑达"词意，则解"达"为"表达"亦无不
可。如此，则"顺"与"卑"并举，"叙"与"达"成偶，既合赋体之法，又
符孝子之态。而且达又可写作"迭"，表示更迭之义，达、迭二字，可
以互相为用。

总之，"达"解为"滑"是特例，其与"達"基本上可视为互通。

担/擔

【释字】

担　1. jiē　丘杰切，入声。

"担挢",双声联绵字。高举、放纵。引申为所愿高远。屈原《远游》:"欲度世以忘归兮,意恣睢以～挢。"

　2. dǎn　多旱切,上声。

　(1) 击。见《广雅·释诂》。(2) 拂。见《玉篇》。

擔　1. dān　都甘切,平声。

　用肩挑。《战国策·秦策一》:"负书～橐。"

　2. dàn　都滥切,去声。

　(1) 所负的责任。《左传·庄公二十二年》:"……免于罪戾,弛于负～,君之惠也。"(2) 担子。辛弃疾《鹊桥仙》:"轿儿排了,～儿装了,杜宇一声催起。"(3) 量词。百斤为担。班彪《王命论》:"饥寒道路,思有短褐之亵,～石之畜,所愿不过一金。"又一挑物品为一担(后起义)。《水浒传》:"夫人也有一～礼物送与府中宝眷。"

【辨析】

　古代这是两个完全不相干的字。

　"担"与"挢"构成联绵字,担音"揭"。联绵字是一种双音的单纯词,组成它的两个字必须组合在一起才有意义,不能拆解。明明是两个字组成的词,古人宁可将它叫作"字"。**联绵字**可分三类,即双声(声母相同),如"伶俐"、"首鼠";叠韵(韵母相同),如"彷徨"、"扬长";非双声又非叠韵的,如"妯娌"、"玛瑙"等等。首鼠,只是拿不定主意的样子,绝不是头上的老鼠;望洋,只是眼神迷茫之状,也不是看着海洋。古人构成联绵字的单字,往往只是表音,所以常常可以同音替代,比如首鼠也可写成"首施",也可以看作是"踌躇"的转变字。直到今天,汉语中仍存在着大量的联绵字,只是我们往往在使用而浑然不觉罢了。

　　先秦汉语多单音词,如太阳只称"日",月亮称"月",出发为"发",到达为"至"等等。一种语言如果多由单音词构成,且不论其表义的局限性,即从听觉而言,固然如繁丝急鼓清脆乍崩,但未免缺少舒徐回环之美。正因如此,古人创造了大量的联绵字和叠字(如关关、交交、呦呦、徐徐等等)来调和,不仅弥补了音感上的缺憾,而且使表意更鲜活生动。很难想象,如果《诗经》、《楚辞》没有叠字和联绵字会是什么样子。

　　"担"据《集韵·薛韵》:"揭,举也。或作担。"可见其音义可通于"揭",但罕见用例;"担"作联绵字成分,则表音而已。"担"的二读 dǎn 也仅有音义而缺用例,其读音已与"擔"接近了,而其音义都近于今之"掸"字。作为简化字,也可视同借形。

　　释文所引"擔石"之石,也是量词,表一担。"擔石",古指两石,多作"储备"义。

党/黨

【释字】

党 dǎng　底朗切,上声。

　　(1) 姓。(2)"党项",民族名。汉代西羌的一支。

黨　1. dǎng　多朗切,上声。

　　(1) 古代居民五百家为～。(2) 亲族。《礼记·杂记》:"其～也食之,非其～弗食也。"引申为等类。《论语·里仁》:"人之过也,各于其～。"又引申为同伙之人。《论语·公冶长》:"吾～之小子狂简。"又特指朋党,为私利而勾结在一起的。屈原《离骚》:"惟夫～人之偷乐兮,路幽昧以险隘。"(3) 偏私、偏袒。《左传·襄公三年》:"举其偏,不为～。"(4) 处所。《左传·哀公五年》:"师乎! 师乎! 何～之乎!"(5) 美善、正直。后写作"谠"。《荀子·非相》:"文而致实,博而～正,是士君子之辩者也。"

2. tǎng 坦朗切,上声。

偶然、或者。《史记·淮阴侯列传》:"吕后欲召,恐其～不就,乃与萧相国谋。"即后之"倘"义。

3. zhǎng 止两切,音掌,上声。

姓。《左传·定公七年》:"馆于公族～氏。"

【辨析】

"党项"是古代羌族的一支。羌人是中国最古老的少数民族之一,甲骨文即有"羌"字,义为"西方牧羊人"。党项羌最辉煌的时期,是其建立的西夏国时代,与两宋相持近两百年。历史上的"党"姓,基本上是羌姓,如党进、党怀英等名人,都出自羌族。而"黨"也是春秋时代即有的古姓,本音掌,姓源与读音都与"党"不同。在现代汉语中,党姓的读音已统一为 dǎng(党)了。

古代党、黨两字除了读音相近外,在义项上毫无共同之处。但"党"字意义甚狭,所以前人早就将它作为"黨"的俗字在使用,也不致产生什么混淆,今天的简化字,其实是肯定了前人的做法而已。

灯/燈

【释字】

灯 1. dīng 当经切,平声。

(1) 火。《玉篇》："～,火也。"(2) 火烈。《类篇》："～,火烈也。"

2. dēng

　同"燈"。《正字通》："～,俗燈字。"

燈　dēng　都滕切,平声。

　照明的器具。嵇康《杂诗》："光～吐辉,华幔长舒。"佛教用以比喻佛法。杜甫《望牛头寺》："传～无白日,布地有黄金。"

【按】《说文》燈作"鐙",在金部。

【辨析】

"灯",17世纪张自烈的《正字通》已将其列为"燈"的俗字。但由于《玉篇》及宋代司马光的《类篇》等字书有读"丁"之"灯",表示"火"、"火烈",故存以备考。

"灯"作为"燈"的简化字,是从俗之举。有人认为简化字俗而不雅,其实大俗即大雅,何况文字只是工具,本该让人易识易用。

邓/鄧

【释字】

邓　shān　音山,平声。

　《搜真玉镜》："～,地名,音山。"

鄧　dèng　徒亘切,去声。

(1) 古诸侯国名。春秋时为楚所灭,为楚邑。秦置～县,即今河南邓州市。(2) 春秋蔡地,后属楚。故址在今河南郾城县。(3) 春秋鲁地。故址在今山东汶河以南、运河以北地区。(4) 战国魏邑。故地在今河南孟州市。

【辨析】

《搜真玉镜》原书早佚,年代作者均不详,但金代字书已有引用,成书当在金之前。该书记录了不少俗字、异字,据书名判断,可能是道家或释家书。"邓"在此亦有音义而无用例,具形而已。

籴/糴

【释字】

籴 1. zá 昨合切,入声。

《集韵》:"音杂,不一也。"通作"杂"。《庄子·天下》:"鸠～天下之川。"

2. dí 徒历切,入声。

《集韵》:"糴字省文。"即俗糴字。

糴 dí 徒历切,入声。

买进粮食。《左传·庄公二十八年》:"冬,饥。臧孙辰告～于齐。"

【辨析】

"籴"与"粜"一样,至少在宋代已分别成为"糴"与"糶"的俗体字了。但"籴"除此之外尚有其本身的音义,亦见于《庄子》。其实,耀字所从之"耀",就是"谷"的意思。谷与米本是一类,以入米代入谷,义亦一致。

"粜"则是单纯的俗字,故本书不收。

冬/鼕

【释字】

冬　dōng　都宗切,平声。

四季之末。《书·尧典》:"日短星昴,以正仲～。"《诗·邶风》:"我有旨蓄,亦以御～。"

鼕　dōng　徒冬切,平声。

鼕鼕,象声词,鼓声。唐刘禹锡《同白二十二赠王山人诗》:"笑听～～朝暮鼓,只能催得市朝人。"

【按】《说文》无鼕字。

【辨析】

"鼕"是后起字,只作象声之用,"鼓"形而"冬"声,造字也颇合"六书"之法。然作冬冬之声者非专于鼓,又何必去自限畛域呢?汉字拟声之字甚多,如"关关"之状鸟鸣,"丁丁"(古音读 zhēng)之摹伐木,只需字音与所表之音相类即可,不必在声源的材质上去多花心思、造新字的。

实际上汉代表示鼓声的字有不少,比如"鼜"字(徒冬切,音冬),后来演变成鼕字,字式少了六画,已经是简化过了。因此专作象声,不若用"冬",形简而用广。

斗/鬥

【释字】

斗　dǒu　当口切,上声。

(1) 量器,也是量名。《说文》:"～,十升也。"《庄子·胠箧》:
"掊～折衡,而民不争。"(2) 古酒器,有柄,用以酌酒。《诗·
大雅》:"酌以大～。"引申为星名,即北斗。《诗·小雅》:"维
北有～,不可以挹酒浆。"亦有南斗。又指熨斗(后起义)。
《晋书·韩伯传》:"母方为作襦,令伯捉熨～。"(3) 通"陡"。
《史记·封禅书》:"成山～入海。"(4) 突然(后起义)。唐韩愈
《答张十一功曹》:"吟君诗罢看双鬓,～觉霜毛一半加。"
(5) 通"枓"。斗拱,是我国建筑特有的一种结构。(6) 通
"抖"。斗薮,叠韵联绵字。有摇动、摆脱之义。

鬥　dòu　都豆切,去声。

争斗,战斗。《说文》:"～,两士相对,兵仗在后,象斗之形。"
《孙子·虚实》:"敌虽众可使无～。"

【按】　罗振玉云:"卜辞鬥字皆象二人相搏无兵仗也,许君
殆误。"

【辨析】

这是极古老而又完全不相干的两个字。

"斗",甲文作 ,像有柄的斗形,是我国最古老的器具之一,既
可用以量谷物,又可酌酒浆。这是它的本义,后起之义,大多是音
借。酌酒之斗并不大,所以刘伶尚可以"五斗解酲",故斗也有小

义,如"斗室"、"斗帐"。

"鬥",甲文作 ^{ξ9} ,不管是徒手还是持仗,总是两个人在打架。争斗,战斗,正是其本义,且义项单一,没有引申蔓衍之他义。鬥的字形和门的繁体字"門"很接近,读古籍时应注意区别。"鬥"简化为"斗"之后,其义归于"斗",而斗则增加了读去声 dòu 的另读。

《说文》另有"鬮"字,义为"遇也"。段玉裁注:"凡今人之鬮接者,是遇之理也。《周语》'谷洛鬮,将毁王宫',谓二水异道,而忽相接合为一也。古凡鬮接用鬮字,争鬥用鬥字。俗皆用鬮为争竞而鬥废矣。"原来"鬮"字专指"斗接",今吴语尚有这一用法,与"争鬥"的"鬥"本是不同的字。但后来不论争斗、斗接都用了鬮字,鬥字反而少用了。这也是一桩有趣的公案。

总之,斗、鬥两字的音义都不复杂,但偏偏在反推时极易出错,弄出将"气冲斗牛"化为"氣衝鬥牛"一类笑话来。这里的斗和牛,本指天上的斗宿和牛宿,是星座的名称,斗绝不能反推为鬥,让人觉得有谁要去和西班牙人一争短长似的。而且冲反推为衝,在这里也不妥(参见"冲"条)。出错的原因,就在于不去考究相关字的本义。

儿/兒

【释字】

儿　rén　音人,平声。

古文"人"字。《说文》:"～,人也。"《玉篇》:"仁人也。孔子曰:人在下故诘屈。"郑樵《六书故》:"人象立人,～象行人。"

兒 1. ér 汝移切,平声。

(1) 孩子。《庄子·天地》:"恀乎若婴～之失其母也。"凡未成年都得称兒。《汉书·项籍传》:"外黄令舍人～年十三。"(2) 词尾(后起义)。沈约《领边绣诗》:"萦丝飞凤子,结缕坐花～。"

2. ní 五稽切,音倪,平声。

姓。汉有御史大夫～宽。

【辨析】

"儿"即古"人"字。甲文"人"字形多变,正面刻画如🕈,侧面又如🕉等形。初民造字非一人,多据不同角度取其像,致一字而出多形,字形虽不同,但起初表达的意义都是相同的,后来各形渐趋分化,意义才各有所专。疑"儿"即从侧面的人形变来,像《玉篇》所引诘屈之状。

"兒"甲文作🕉,像小儿头大囟门未合之形,取幼儿的基本特征,其义即小孩,此义三千余年未变。大约从唐代开始,"兒"字发展出作词尾的意义,这一变化,与中古之人喜欢在小字(即小名)后加"兒"字,如"龙兒"(南齐武帝)、"练兒"(梁武帝)等习惯有关,此时的"兒"多少还带有"小儿"的本义。后来儿化的对象渐趋宽泛,以至用于无生之物如"车兒"、"船兒"、"笑靥兒",则已是纯粹的词尾了。兒易与"皃"("貌"的异体字)字形混淆,应注意区别。

"儿"与"厂"一样,虽有独立的字式和音义,但古人只用它作字书的部首,而没有其单字的用例,作为同在儿部的"兒"的简化字,不会产生混淆。

应当注意,作为姓氏,"兒"读为倪,且不作简化。

范/範

【释字】

范　fàn　防锬切,上声。

(1) 草名。《说文》:"～,草也。"(2) 虫名。蜂。《礼记》:"爵、鹌、蜩、～。"郑玄注:"～,蜂也。"(3) 通"笵"、"範"。模型,模范,榜样。《荀子》:"刑～正,金锡美。"汉扬雄《太玄》:"矩～之动,成败之效也。"(4) 通"泛"。泛滥。引申为繁衍。《山海经》:"狄山……其～林方三百里。"(5) 地名。汉置县。原属山东,今属河南。(6) 姓。

範　fàn　防锬切,上声。

本作"笵"。(1) 制造器物的模子。汉王充《论衡》:"今夫陶冶者,初埏埴作器,必模～为形。"(2) 用模子制作。《孔子家语》:"～金合土,以为台榭宫室户牖。"(3) 典范,法则。《书·洪范》:"天乃锡禹洪～九畴。"

【按】《说文》範在车部,注云"～轼也",指一种出行时的祭祀。

【辨析】

"范"从草,《说文》仅以"草也"来解释,段注亦无补引,了不顾荀、扬之成例(见释字)。其中原因不好猜测,也许是前人传写有误,也许是由篆定隶时有讹。但"范"早就通于"笵"、"範",终究是事实。

"範",《说文》列入车部,释为"轼也"。据说"轼"是"山行之神主",也即山神,段玉裁认为此较是"跋"的同音假借字。所以,"範"的本义是出行时的拜神仪式。但文献多以"範"表示模子、法则等义,这本是其通假之义,而其本义却罕用。

"笵"的本义才是模子、法则,是範的本字。"笵"从竹。《说文》:"竹,简书也。古法有竹刑。"上古司法的全过程都要用竹,诉状、笔录、判词要用竹简,动刑也有竹片。古人的模子、模型,因其材质的不同而各有专称,如用土的叫"型",用金属的叫"镕",用木的叫"模",用竹的就叫"笵"。这些都是制作器物的样板或模具,自然与法则一样,具有不容走样的规定性。

总之,范、笵、範三字都很古老,都有模子、法则之义,前人硬要舍简就繁,实在也是多事。

应当提醒的是,"范"用作姓氏,如范雎、范仲淹等;"範"也用作姓氏,如汉有範依、宋有範昱,虽较少见,但与"范"不同,不可相混。而"笵"则一般不用于姓氏。

"範"的简体取"范"而非"笵",大概考虑到作姓氏的因素。今天的"範"姓大概也用"范"了吧。

奋/奮

【释字】

奋 gǎng 古朗切,上声。

《篇海类编》:"～,盐泽也。又音本。"

奮 fèn 方问切,去声。

(1) 鸟类振羽展翅。《诗·邶风》:"静言思之,不能～飞。"

(2) 动。《易·豫》:"雷出地～。"贾谊《过秦论》:"及至始皇,

～六世之余烈。"

【辨析】

"奋"也是有音义而无用例,用作简化字,借形而已。《篇海类编》是明代宋濂所编,时代较晚。

"奋"与"奮"相比,只是省去了中间的形旁"隹","隹"(音追,注意有别于"佳")就是鸟,所以"奮"有鸟飞之义。省去了"隹"形(参见"离"条),似乎少了点形象上的启发。但"隹"对于古人可能会有直观的感受,对于今人则十之八九不知其为何物。其实"隹"在甲文中确像鸟形,到了隶定之后就完全不象形了,省去又有何妨?

丰/豐

【释字】

丰　fēng　敷容切,平声。

(1) 草木茂盛。"丰茸",叠韵联绵字,茂盛貌。汉司马相如《长门赋》:"罗～茸之游树兮"。(2) 丰满。《诗·邶风》:"子之～兮,俟我乎巷兮。"

豐　fēng　敷隆切,平声。

(1) 丰盛,丰满。《楚辞·大招》:"～肉微骨,调以娱只。"引申为丰富,富饶。《国语·晋语》:"义以生利,利以～民。"又为茂盛,昌盛。《吕氏春秋·当染》:"从属弥众,弟子弥～。"
(2) 大,高大。《庄子·山木》:"夫～狐文豹栖于山林。"
【备考】 (1) 古代盛方酒器的托盘。(2) 蒲草。

【辨析】

"丰"甲文作🌿，金文作🌿形，像封土成堆、植木其上之形，是"封"的初文。封土，自有高大之义；其上植以树木，又有丰满、茂盛义。后来高大的意义专归于"封"字，如封豕修蛇；而丰满、茂盛义归属于"丰"。注意丰字中间是三横，如果是三撇则是另一个字，读作"害"，原来是耒、耕、害、宪等字之所从，只是如今这一区别已然淡化了。

"豐"也见于甲文，作🌿，像豆中实物之形。"豆"就是一种高脚盘，盘中满满地垒着东西（一般当为食物），既丰实又高耸，其后来的意义也就有迹可循了。

两字看似义近，其实它们的古音义都有区别。从描摹的对象上看，"丰"一般只用来形容人的容貌和神态，如"丰神瘦骨"；而"豐"则可用于形容各种事物。从描摹的程度上看，"丰"不但可以形容体形容貌的丰满，还可表示人的仪态风度之美好，由"形"而及于"神"；而"豐"则重在表述事物的丰富繁多，即着眼于表达事物的品类和数量。所以古文有"丰神"而无"豐神"，有"豐肉"而无"丰肉"。读古籍或作反推时应注意这类区别。

复/復、複

【释字】

复　fù　房六切，入声。

　　走老路。《说文》："～，行故道也。"

復　1. fù　房六切，入声。

　　（1）返回。《说文》："～，往来也。"《易·泰》："无往不～。"

(2) 告知、回答。《书·说命上》:"说～于王。"(3) 报复。《左传·定公四年》:"我必～楚国。"(4) 免除赋税和劳役。《荀子·议兵》:"中试,则～其户,利其田宅。"(5) 通"複"。《史记·秦始皇本纪》:"为～道,自阿房渡渭,属之咸阳。"

2. fù　扶富切,去声。

又。《左传·僖公五年》:"晋侯～假道于虞以伐虢。"

複 fù　方六切,入声。

(1) 重衣,即夹衣。《说文》:"～,重衣也。"《释名·释衣服》:"有里曰～,无里曰禅。"汉《乐府歌辞·孤儿行》:"冬无～襦,夏无单衣。"也指絮有丝棉的衣服。《南史·徐嗣伯传》:"更患冷,夏日常～衣……"引申为夹层的。《旧唐书·王稷传》:"作～垣洞穴,实金钱于其中。"(2) 重复、繁复。汉张衡《东京赋》:"～庙重屋,八达九房。"宋陆游《游山西村》:"山重水～疑无路,柳暗花明又一村。"(3) 土窟。

【辨析】

"复"甲文作🔲,从🔲(夂)从🔲。上古先民多穴居,即在地上挖坑,坑的两头筑有台阶,作为上下地面的通道,🔲即这种穴居的近似平面图。"夂"是足形,当然是主人反复出入通道的器官。《说文》所谓"行故道也",颇当此意。"复"应该是表示反复、重复意义的当之无愧的会意字。"復"也见于甲文,作🔲,多了个表示道路的"彳"旁,实际上它与"复"是同一个字(初民造字往往一义多形,参见"儿"条)。后来不知为什么,"复"字反鲜见于文献,而类似之义多由加上形旁的"復"、"複"来表达。《诗·大雅·大明》有"陶復陶穴"的说法,描述的是周人的先祖在岐山一带的生活场景。这里的"陶"字,古人有释为"作瓦器"的、有释为"窑"的,其实在我看来这就是掏挖的意思。"穴"好理解,就是洞窟,颇似今日的窑洞。而这个"復",显然就是甲文反映的穴居,即在地面挖坑再覆顶的居所,与依坡挖洞不同。"陶復陶穴",是初民鲜活的记忆。

"複"的本义是重衣,此"重"是重复之重,不是轻重之重,应读作 chóng(虫)。由两层或多层材料制成的"複",自有夹层、重复、繁复之义。

"復"的本义指行走的道路相重复,有出必有回,引申为返回是自然之理,用于对话就是回答、告知。中国哲学的源头之一《易经》有"復"卦,此卦一阳始生,意味着宇宙万物生生不息、周而复始,所以"彖"(对卦词的解释)曰:"复其见天地之心乎?"因此"復"有休养生息之义,免去赋税和劳役,便是"天地之心"的体现。"復"的免除义,专指免除负担、与民休息,颇类今日之"减负"。

总之,这三个字本属同源字,简化为"复",名正言顺。

应当注意的是,"復"的二读 fù,是"又"的意思。在现代汉语中,"又"和"再"是一回事,比如"又去"就是"再去"。但在古汉语中,"復"(又)和"再"不同义。"再"是数词,只表示两次,所以"再拜"是拜两次;"復"是副词,没有数量的限制,所以"復拜"可以是拜两次,也可以是多次。此外,还有一个与"复"字同音而义近的"覆"字,其所从之"襾"就是以物蒙盖之义,所以覆多用于蒙盖,如"覆面";也用于翻覆,如"颠覆"、"覆车"等义;在其他义项上也通"复"。"覆"字不能简化为"复"。

干/乾、幹

【释字】

干　gān　古寒切,平声。

(1) 盾。《书·牧誓》:"称尔戈,比尔~。"(2) 岸。《诗·魏风》:"坎坎伐檀兮,寘之河之~兮。"(3) 犯。《左传·文公四年》:"君辱贶之,其敢~大礼以自取戾?"(4) 求。《论语·为政》:"子张学~禄。"(5) 干支。天干、地支的合称。凡"甲乙丙丁……"等十天干,"子丑寅卯……"等十二地支。(6)"若干",指未知数。《礼记·曲礼下》:"始服衣若~尺矣。"(7) 关涉,发生关系(后起义)。宋李清照《凤凰台上忆吹箫》:"非~病酒,不是悲秋。"

乾 1. qián　渠焉切,平声。

八卦之一。《易·乾》:"~,元亨利贞。"

2. gān　古寒切,平声。

干燥,湿之反。《诗·王风》:"暵其~矣。"引申为枯竭。《左传·僖公十五年》:"张脉偾兴,外强中~。"

幹 1. gàn　古案切,去声。

(1) 能做事。《易·乾》:"贞固足以~事。"(2) 草木的茎。《易·乾》:"贞者事之~也。"王弼注:"~,木之身而枝叶所依以立者也。"引申为体。宋玉《招魂》:"魂兮归来,去君之恒~,何为四方些?"王逸注:"恒,常也;~,体也。"器物之本也称幹。《周礼·考工记》:"凡为弓,冬析~而春液角。"

【备考】　幹有"胁"义。《公羊传·庄公元年》:"搚~而杀之。"

2. hán　河干切,音韩,平声。

井栏。《庄子·秋水》:"出跳梁乎井~之上,入休乎缺甃之崖。"

【辨析】

"干"下七项古义,除后三项外,大部分已为今人所不熟悉。其实我们仍在使用的不少成语、熟语中,干字都还保留着这些义项,如"大动干戈"(盾义)、"干犯"(犯义)、"江干区"(岸义)等等。"干"字也极古老,其甲文初作丫形,像上端分叉的木棍,后在两叉的顶部缚以尖锐的石片,成Ψ形,其初义就是先民的一种狩猎工具。后来的文献中,"干"的初义反而渐趋淡出,但如仔细检察,也还有迹可循。比如段玉裁注"干"字,引《毛诗》"干旄"、"干旌",认为此"干"当是"竿"的假借字,释义甚当,只不过"干"的初义即木棍或竹杆,作为旗杆,它与"竿"还说不定是谁在借谁呢。而中古之后,出现了"栏干"一词,也与"干"的木杆义相关,如唐韩偓《阑干》诗"当时犹不凭阑干",崔橹"更无人依玉栏干"等等。栏干本有护身之用,这一点倒与同是护身的干(盾)相通。

"乾"的第一义,即《易》之首卦乾,《总表》加注:"乾坤、乾隆的乾读 qián(前),不简化。"所以,能简化的只是其第二义,即作"干燥"义的乾,读音也和"干"相同。《说文》仅释"乾"为"上出也"(段注衍出"干燥"义),而不述及《易》卦乾,在汉代《易》学极盛的背景下,真不知为什么。

"幹"的古音与"干"不同。《说文》"幹"作"榦",在木部。据段注,"幹"反而是"榦"的俗字。"幹"的本义是"筑墙专木也",其实专指筑墙时用来支撑木版的木桩子(参见"板"条),引申为草木的茎干,顺理成章;又"一曰,本也","本"原来是指植物的根,但"木身亦曰本",可见树身也可称"本",而身便是"体也",即今之"躯干"。而我们今天熟悉的"幹部"一词,虽是引进的日译法语词(cadre),但也糅合了"幹"的古义"能做事",与干吏、干员颇可一比。作为井栏的幹,《说文》作"韓",读音近"韩",而幹作井栏解,也作此音。

"干"作为后两字的简化字,增加了"幹"的读音去声 gàn,其义则兼容了后两字的五项,达到十二项(实际还应多些)。所以,"干"形虽甚简,却是个多音多义字。这一点常为某些人所诟病,将"干"

列为最易产生混淆的简化字之一。

其实大可不必作如是观。"干"之多音,不过两读;多义也不过十余。较之英语单词如 go,寥寥两字母,其单词及片语的义项竟达上百条,区区一"干"又算得了什么? 所以,只要了解透彻,这样的字是不难正确应用的。

赶/趸

【释字】

赶 1. qián 巨言切,平声。

兽类翘着尾巴奔跑。《说文》:"～,举尾走也。"

2. gǎn 古旱切,上声。

追赶(晚起义)。宋话本《简帖和尚》:"皇甫殿直拽开脚,两步～上。"

趸 gǎn 古旱切,上声。

后起字,亦作"赶"。(1) 追赶。《朱子语类》:"如天行亦有差,月星行又迟,～它不上。"(2) 驱赶,驱逐。《京本通俗小说·拗相公》:"老妪起身,蓬着头,同一赤脚蠢婢～二猪出门外。"(3) 加快行动,使不误时间。《拗相公》:"月明如昼,还宜～路。"(4) 趁着。明《南牢记》:"今日～个空,便瞒着周家去走一遭。"

【辨析】

"赶"字见于汉代之《说文》,义为兽类的"举尾走"。"走"在古代就是跑的意思,文献多作此义,中古以后才渐由"跑"字替代。

"赶"的追赶义,是很晚才产生的,大概和"趱"字的出现在差不多的时候。

"趱"后起,见于《朱子语类》,已是南宋后期了,而且字也可写作"赶"。大概当时有的读书人记得许叔重的解释,所以特创"趱"字来和兽类相区别,如此则未免过迁。其实字义本身是在不断演变的,比如"跑"字的初义是指兽类以前爪刨地,后来照样用于人的奔跑,何必再去另造新字?想来当时百无禁忌、径用"赶"字来表意的人也不会少,因为用起来简便。

总之,在追赶等义上,"赶"与"趱"早就可以混用,将"赶"定为简化字,只是定个用字标准而已。

个/個

【释字】

个　gè　古贺切,去声。

(1) 量词。《左传·昭公三年》:"又弱一~焉。"《史记·货殖列传》:"竹竿万~。"(2) 正堂两旁的侧室。《礼记·月令》孟春之月:"天子居青阳左~。"

個　gè　古贺切,去声。

量词,通"个"。《仪礼·士虞礼》:"俎释三个。"郑玄注:"个,犹枚也。今俗或名枚曰~,音相近。"

【按】　两字《说文》皆无。

【辨析】

作为量词,"個"不过是"个"的假借字,而且是汉代人眼中的俗字,而"个"才是本字。所谓假借,"就是古人书写某个词的时候,没有用本字,而用了一个音同或音近的字"(王力)。所以,即使根本没有"個"字,也不会坏事。

　　"个"字形甚简,以至还产生了一个相关的公案。《旧唐书·张弘靖传》中有一段话:"今天下无事,汝辈挽得两石力弓,不如识一个字。"据说有人将"个"字误认为"丁"字,遂演变成后之成语"不识一丁"、"目不识丁"。有趣的是,"个"字一竖下不带勾,如果带了勾,则是"古之丁字",一个与一丁,本只有一勾之别。

　　"个"除了作量词外,尚有"侧室"之义(见释例),且常见于文献。它作为"個"的简化字,是正本清源之举。

沟/溝

【释字】

沟　gōu　古侯切,平声。

　　《康熙字典》引《篇韵》:"～,古侯切,音勾。水声。"

溝　1. gōu　古侯切,平声。

　　(1) 田间水道。《礼记·考工记》:"九夫为井,井间广四尺,深四尺,谓之～。"又为小溪流。《尔雅·释水》:"水注川曰溪,注溪曰谷,注谷曰～。"(2) 城堑。《礼记·礼运》:"城郭～池以为固。"引申为挖壕沟。《周礼·地官》:"大司徒之职……制其畿疆而～封之。"(3) "溝壑",山沟。《左传·昭公十三年》:"小人老而无子,知挤于～壑矣。"(4) 古代计数名目。《孙子算经》:"万万曰亿,万万亿曰兆,万万兆曰京,万万京曰陔,万万陔曰秭,万万秭曰穰,万万穰曰～。"

2. kòu　丘侯切,音叩。

"溝瞀",叠韵联绵字。愚昧。《荀子·儒效》:"其愚陋～瞀,而冀人之以己为知也。"

【辨析】

"沟"有音义而无用例,作为同音的"溝"的简化字,借形而已。凡借形之字欲作繁体,直接反推即可。

谷/穀

【释字】

谷 1. gǔ　古禄切,入声。

(1) 两山之间的夹道或流水道。《说文》:"泉出通川为～。"(2) 深的坑穴。《易·井》:"井～射鲋。"(3) 针灸穴位。《素问·气穴论》:"肉之大会为～。"(4) 比喻困境,没有出路。《诗·大雅》:"人亦有言,进退维～。"(5) 通"穀"。粮食的总称。陆贾《新语·慎微》:"弃二亲,捐骨肉,绝五～。"

2. lù　卢谷切,入声。

"谷蠡",外来词。匈奴藩王称号。

3. yù　余蜀切,入声。

"吐谷浑",我国少数民族名,原鲜卑慕容部的一支。

穀 gǔ　古禄切,入声。

(1) 粮食作物的总称。(2) 养育。《战国策·齐策》:"乃布

令,求百姓之饥寒者收～之。"(3) 生,活着。《诗·王风》:"～
则异室,死则同穴。"(4) 善,良。《诗·陈风》:"～旦于差,南
方之原。"(5) 楚方言谓"乳"为～。《左传·宣公四年》:"楚人
谓乳～,谓虎於菟。"

【辨析】

　　两字基本同音,但字源完全不同。

　　"谷"甲文作,像溪流出自山谷口之状,由此可以推想出其
本义来。通"穀",是古人同音通假的惯例,因其简便易写,"谷物"
这一通假义,遂骎骎然发展成了它的基本义项之一。至于谷的两
种另读,只用于特定称呼,与其本义无关。

　　《说文》:"穀,续也,百穀之总名。从禾㱿声。"这是个典型的形
声字。"禾"是形旁,表示该字属于与禾有关的一个大类。禾即粟
苗,籽实就是小米,是中原先民的主食;后来古人又用禾指水稻,稻
米恰是南方先民的主食。"穀"的本义可由此窥见一二了。"㱿"是
声旁,读为kòu(口豆切),凡用此旁者,如"彀"、"轂"、"㲄"、"觳"、
"殼"、"瞉"等等,其读音都与"穀"相同或相近。

　　《说文》以"续"释穀,其实就是"民以食为天"的意思。人类的
生存发展、繁衍延续,都离不开穀。段玉裁认为这里的"续"实在是
"粟"之误,但粟也是古人的主食。这样的东西,自然既好又善。所
以古人常谦称自己为"不穀",说自己还不够好,和说自己"不才"、
"在下"差不多。

　　至于"穀"作为"楚方言"(见释字),那是古代楚人说的方言,今
之楚人怎么说,不清楚。不过偶尔也有今人用来玩玩的,比如鲁迅
诗"回眸时看小於菟",便用古方言来凑趣。

　　还有一个有趣的问题,是由大家熟悉的武大郎的诨名——"三
寸丁谷树皮"引起的。首先是这个"谷"字。简体版的《水浒传》和

《金瓶梅》(以人民文学版为准),无一例外都作"谷";1952年繁体版
《水浒传》作"穀"(注意:字从禾);雍正十二年刻版的铅印重排本也
作"穀"(也从禾)。如此,则"谷"作为"穀"的简化字,前后一致,似乎
并无问题。但此"谷"在这里是什么意思呢? 其次是这六字诨名的
断句。几种版本的《水浒传》都六字相连,唯《金瓶梅》作"三寸丁、谷
树皮"。古书本无标点,凡标点本都是后人所加。六字相连,给人的
想象空间更大,可以是指一样东西,也可以是两样或多样;而《金瓶
梅》将其点断,则显指两种事物。我则赞成点断指两物。至于"谷"
字,很可能原来用的该是"榖"字(字从木),榖树就是楮树,其皮是造
纸的原料,后来此字被误为一笔之差且读音相同的"穀"字(字从禾),
或干脆是假借为从禾之"穀",又简化为"谷"。如此推断,则"三寸丁"
即三寸钉,虽于钉不为小,但以钉喻人,已极言其矮小了,且与"三寸"
之"金莲"正成绝配;而"榖树皮"则确指楮树皮,以喻其人之粗陋。与
我同此理解者必不少,可惜尚未找到用从木之"榖"的版本为证。

　　总之,谷穀二字在词义上,只有在作"粮食"这一项上是相通
的,在其他义项上都是自说自话,是明显的"交叉"关系。

刮/颳

【释字】

刮　guā　谷刷切,入声。
　　磨。《周礼·考工记》:"～摩之工五。"《礼记·明堂位》:"～
　　楹。"《疏》:"～,摩也。楹,柱也。以密石摩柱。"

颳　guā　古滑切,入声。
　　(1) 恶风(晚起义)。《康熙字典》:"《字汇》:古滑切,音刮,恶

风。"(2) 风吹(晚起义)。元代佚名《黄孝子寻亲记》:"俺这里西风起,～将来都是沙。"

【辨析】

"刮"即磨(摩),有点出乎今人的想象。而且磨的是柱子,像是木工活。用什么工具磨呢? 刮本从刀,但用的似乎不是刀,而是"密石"。密石是什么? 也不清楚,想象中大概是砂轮般的石料吧? 马未都谈中国古家具,说中国传统的木工工具,刨子是晚至明末才出现的,最迟。那么,明代之前木料的表面精加工,人们该怎么做呢? 看来至少在先秦,是用"刮",即用密石来磨。汉代的《说文》释"刮"为"掊把刀也,从刀昏声"(注意: 有的楷书之"舌"是从篆书之"昏"隶变而来的,可参阅"适"条),已经有点像刮刀了。《三国志·蜀书·关羽传》中赫赫有名的"刮骨去毒",用的自当是刮刀了。南朝的《玉篇》释"刮"为"平木器",明确了这是木工工具,但形制如何却不知其详,很可能也只是刮刀一类的东西,如此,则加工精度必不高,想来还得辅之以磨。直到明末张自烈在《正字通》中,才详细描述了刨子:"平木器。铁刃,状如铲,衔木框中,不令转动。木框有孔,旁两小柄,以手反复推之,木片从孔出,用捷于铲,通作刨。"这里才真正明确: 一、此时有了我们熟悉的木工刨;二、原来已有一种工具"铲",很可能类似《玉篇》所载的"平木器",显然比"刨"落后得多。

"颳"字《王力》不收,是元明以后产生的晚起字。其字从风,"昏"(舌)声,颇合六书之法。其"恶风"义未见用例,所以它的意义基本上只剩"风吹"一项,极单纯。《字汇》是明人梅膺祚所撰,已是17世纪了。

总之,这两字的古义全不相干,它们的关系是平行式。

广/廣

【释字】

广 yǎn 鱼埯切,上声。

(1) 因岩架成的屋。唐韩愈《游湘西两寺》:"剖竹走泉源,开廊架崖～。"(2) 小屋。元袁桷《次韵瑾子过梁山泺》:"土屋危可缘,草～突如峙。"

廣 1. guǎng 古晃切,上声。

(1) 宽阔。《诗·周南》:"汉之～矣,不可泳思。"引申为扩大。《荀子·王制》:"论礼乐,正身行,～教化。"又为宽慰。《史记·屈原贾生列传》:"伤悼之,乃为赋以自～。"

(2) 古广州的简称。

2. guàng 古旷切,去声。

(1) 古楚国军制,兵车十五乘为一～。(2) 横。"廣轮",宽长,犹广袤。《周礼·地官》:"周知九州地域～轮之数。""廣运",犹广袤。《国语·越语》:"勾践之地……～运百里。"

3. kuàng 音旷。

即"旷"。《汉书·五行志》:"师出过时,兹谓～。"

【辨析】

两字的古音、义完全不同。

"广"音"演",是依岩架成的屋子,今天湘西、云贵一带很多少数民族的居屋还保留着这种样式(参阅"厂"条)。此外,其义干脆是"小屋"或"草屋",与依岩与否无关了。这一意义常见于古文献,这里的"广"绝不可反推。

"廣"的本义就是宽阔、广大,这一意义至今未变。其二读的"广袤"义,今天"广"字已读上声,不必再作区别了。古人描述地域大小,有方向之别,东西叫"广",南北叫"轮"、"运"或"袤"。"廣"的三读,实为音借,故音义均从"旷"。

"广"的古音义在现代汉语中已完全消失了,作为"廣"的简化字,承接了"廣"的音义。但在读古文时应注意"广"自身的古音义。

柜/櫃

【释字】

柜　jǔ　居许切,上声。

(1) 树名。即榉树。《后汉书·马融传》:"其植物则……椿梧栝柏,～柳枫杨。"(2) 通"矩",画方的用具。《马王堆汉墓帛书》:"～之内曰(方)。"

櫃　guì　求位切,去声。

本指小匣,后泛指存放衣物、书籍等的器具。《韩非子·外储说左上》:"楚人有卖其珠于郑者,为木兰之～,薰以桂椒,缀以珠玉……"

【辨析】

"柜"即榉树,音义皆同榉。马王堆帛书假为"矩",是古人惯用的同音通假,而且时代越古,通假的用法越多,很多古籍难懂,常常是由于这类满世界借来借去的字,而且同一个意思,不同的作者还有各自习用的借字,这是研读古籍必须具备的心理准备。例如《汉书》、《后汉书》惯用"録囚",而《唐书》、《五代史》偏喜用"虑囚",其实说的是一回事;《史记》、《汉书》常以"戲"代"麾",如"诸侯罢戲下,各就国",而《韩非子》多以"萌"代"民、氓";又如《列子》多以"肖"借作"俏",而《汉书》则多以"肖"假为"宵"等等,不胜枚举。

现代汉语的"柜",一读 jǔ,如"柜柳",是其本音;另读 guì 者,是被简化的"櫃"的读音。

"櫃"本指木料做成的小匣,字本作"匱",后形体放大,形制增多,但本质仍是贮物的器具。

这两字的关系也属平行式,原来的音义均不相干。

合/閤

【释字】

合　1. hé　侯閤切,入声。

(1) 合起来。与"分"相对。又与"开"相对。《左传·昭公十七年》:"其以丙子若壬午作乎!水火所以~也。"《战国策·燕策》:"蚌方出曝,而鹬啄其肉,蚌~而拑其喙。"引申为配合。《诗·大雅》:"天作之~。"又为和合。《诗·小雅》:"妻子好~,如鼓瑟琴。"又为适合。《庄子·养生主》:"~于桑林之舞,乃中经首之会。"又为会合、聚合。《论语·宪问》:"桓公九~诸侯。"又为对合。《战国策·齐策》:"使史召诸氏当偿者悉来~券。"(2) 两军接触(交战)。《左传·成公二年》:"自始~而矢贯余手及肘。"(3) 全(后起义)。《旧唐书·陆德明传》:"~朝赏叹。"

（4）应当(后起义)。唐张彦远《法书要录》:"卿家多书,～有右军遗迹。"

2. gě　葛合切,入声。

量词。十合为一升。

阁　gé　古沓切,入声。

（1）正门旁边的小门。《说文》:"～,门旁户也。"《古诗八首·上山采蘼芜》:"新人从门入,故人从～去。"特指宫中小门。《尔雅·释宫》:"小闱谓之～。"郝懿行《义疏》:"古者'闱～'连言,多不分别。……～有东西,随所在以为名,后世辅臣延登谓之入～,或称'～下',义本于此。"（2）置放,禁受。唐张鷟《朝野金载》:"五溪蛮父母死,于村外～其尸,三年而葬。"元高栻《集贤宾·怨别》:"一去无音,～不住双眸泪垂。"（3）全(晚起义)。明袁宏道《袁中郎全集·尺牍·乞改稿二》:"伏乞台臺悯吴～县之生民。"其他尚有"～邑"、"～家"之称。（4）闭合(现代义)。邢野、羽山《平原游击队》:"昨晚上就没有～过眼。"

【辨析】

"合"甲文作⟨合⟩,像器盖相合之形,当为"盒"的初文,引申为会合之义。后人另创"盒"字表示其初义,而"合"的引申义遂成了其基本义。"合"的二读,即作为量词的合,其古音读若今吴语的"鸽"(入声)。今天的年轻人已很少有人知道这个古老的计量单位了,但我作知青时,还常能听到老农大声吩咐"今朝多淘两合米"之类的话,其"合"正作"鸽"音,证明他们那一代,对于传统的计量单位如"合"、"升"、"斗"并不陌生(一合,汉唐约为 20 毫升,清代约为100 毫升)。无独有偶,"阁"在吴语中也作"鸽"音,如"内阁"、"阁下"等等,可推知其古音正与"合"的二读相同。

"阁"的简化,情况比较微妙,需要仔细鉴别。

"阖"简化为"合",只适用于阖的(3)(4)义,即表示"全"和"闭合"义,这些都是晚起甚至近现代才产生的义项。"阖家"、"阖县"之阖,完全可以用"合"来表示,因为唐人早已有此用法。以"阖"代"合",本属多事之举,只能看作是文人在玩文字游戏,以示自家的高雅罢了。而"阖眼"之阖,也只是"合"的增繁,今之北方人大概只读作"合"(hé),而吴方言区则仍读若"鸽",保留了"阖"的入声古音。总之,这两项意义写成"阖",都是本无必要的,简化为"合",是让其返璞归真。

"阁"从门合声,《说文》释为"门旁户",正是其本义。户也是门,古人将两个门扇的门叫作门,一个门扇的门叫作户,所以户是小门。"阁"就是大门边的小门,对于宫殿和衙门,就是边门和便门。古代大臣进宫,只能由"阁"而入,但也已属了不起的荣耀,所以"阁下"、"入阁"、"内阁"等词,不论其词义如何演变,实质上都与宫中的这扇便门"阁"相关。这里的"阁"显然不能简化为"合",不必去讲什么道理,只要看到"合下"、"入合"、"内合",就没有人会不摇头的。那么"阁"能简化吗?怎么简?答案是能的。《现代汉语词典》所收的"阁",就是"阁"依偏旁简化而得出的简化字,其下有三条义项:(1)小门;(2)同"阁";(3)姓。但这个字现在一般的电脑字库里都没有,"阁下"等词中的阁,都代之以"阁"或其简化字"阁",写作"阁下"等等。

这就不得不顺便说说"阁"。"阁"从门各声,读若吴方言的"各"(入声),与读若"鸽"的"阁"不同音。《说文》释"阁"为"所以止扉者",实际上是一根阻止打开的门自动关上的木杠。使用时可直立拦住打开的门,不用时则可横置用于搁物。所以后来的藏书屋大多称作"阁",是取其搁物(书)之义,汉代的"石渠阁"便是早期著名的藏书楼。后来因与"閤"音近(两字双声),遂与"閤"相通,再后来竟喧宾夺主,反将本字"閣"排挤淡化,以致人知"阁下"而几乎不知"閤下"了。"阁楼"之阁与"阁下"之阁,在普通话里是读音一致的,但在吴方言中前者读"各"而后者读"鸽",还隐隐透露出两者不同的字源。

总之,"閤"的简化字应该有两个:一个是"合";另一个本应是"阁"而有渐被"阁"取代之势。

后/後

【释字】

后　hòu　胡口切,上声。

(1) 君主。天子和诸侯都称后。《书·仲虺之诰》:"徯予~,~来其苏。"(2) 帝王之妻。《左传·宣公六年》:"定王使子服求~于齐。"(3) 通"後"。《礼记·大学》:"知止而~有定。"

後　hòu　胡口切,上声。

(1) 走在后面,迟到。《论语·雍也》:"非敢~也,马不进也。"《金人铭》:"知众人之不可先也,故~之。"(2) 位置在后,与"前"相对。《论语·子罕》:"瞻之在前,忽焉在~。"(3) 时间较晚,与"先"相对。《诗·邶风》:"我躬不阅,遑恤我~?"(4) 后代,子孙。《诗·大雅》:"无忝皇祖,式救尔~。"

【辨析】

"后"的字源甚有意味。甲文有 🉑,像女子生育之形,且新生儿头尚朝下。此字《说文》作"育"字,但许慎当时应未得见甲骨文,唯据篆文作判断而已。王国维则断定此字为"后"字,"后"字本像人形,字上部两撇当为人形之讹变,下部一横一口则为倒子形之讹变也。又子及倒子位于人后,故引申为先后之后。王说甚是。商人尚存较浓厚的母系氏族意识,尊崇女性和生育,故"后"在上古,竟享帝王之崇,绝无后世以女子小人为难养之腐见。"帝王之妻",乃其余绪。至引申为先后之后,王说已明。

"後"的字源也很古老,是初民结绳记事的反映。"後"甲文作𗀵,从𗀵从𗀵,像以趾结绳以止世系,子之世即系于父之趾下。它表示的是初民用结绳(𗀵)来记录世系的情况,当然,表示晚辈的绳结必定得打在前辈之下或之后,𗀵表脚,乃人身之最下处,恰指此义。空间之下也即时间之后,所以"後"的基本义就是时空上的晚或后。"後"表示后代,正符合甲文之义:每个打绳结的人,都必是已打结者的后代。

总之,"后"本通"後",具有"後"的全部意义;但"后"的君主或君后义,"後"是不具备的。"皇天后土"绝不能写作"皇天後土",原因就在这里。

胡/鬍

【释字】

胡 hú 户吴切,平声。

(1) 兽类颔下作垂状的肉。《说文》:"～,牛颔垂也。"《诗·豳风》:"狼跋其～。"朱熹《集传》:"～,颔下悬肉也。"戈戟之刃其曲而下垂状如胡的部分,也称胡。(2) 大。《广雅·释诂》:"～,大也。""胡考"、"胡耇",指高寿。"胡福",即大福。

(3) 称北方、西方的少数民族。《战国策·赵策》:"今吾将～
服骑射以教百姓。"也泛指外国。(4) 疑问代词,相当于"何"、
"为什么"。《诗·邶风》:"式微,式微,～不归?"或相当于"怎
么样"。《左传·昭公七年》:"同始异终,～可常也。"(5) 任意
乱来(后起义)。朱熹《答潘文叔》:"不要如此～思乱量。"

鬍 hú　音胡。

晚起字。俗称须为～子。明黄溥《闲中今古录摘抄》:"为官
不用好文章,只要～须及胖长。"

【辨析】

古人的胡子本称"须",后来才有了"胡须"的说法,但用的是
"胡"字,"鬍"的出现起码要到一千多年之后。

唐代以前的古人不但没有剃须的习惯,而且还很讲究以须为
美。讲究的结果,是人们不但已不满足于将脸上颔下的毛发统称
为"须",而且还要据须的生长部位再加以细分,即:"髭",长于嘴
的上部;"髯",长于嘴下至下巴上;"髯",长于耳下两颊,自然有两绺。
所以关云长叫"美髯公",曹操幼子彰号"黄须儿",都由来有自,精
确得很。这些字无一例外都从"髟",髟音彪,本义即为头发或发
长,因此凡从"髟"之字,大多与毛发相关。

那时的人所称的"胡髯",本是个偏正结构词,那"胡"字用本
义作定语,意为"像胡人那样的",用来形容"髯"。而且除了"胡
髯",同样还有"胡髯"、"胡髭"。胡人往往深目高鼻多毛,他们的
胡子当然也很有特色。就像"胡言"、"胡说",本指胡人的话语,我
们听不懂,瞎七搭八;"胡作非为",原指胡人做事不守规矩,强横
任性。

宋代以后人们开始有了剃胡子或镊胡子的习惯。如《青箱杂

记》:"李文定公迪美须髯……忽梦被人剃削俱尽";又如王安石诗:
"汝翁那更镊髭鬓。"胡子对人的重要性下降后,就没有必要将脸上
的须毛再作三分,只要有一个笼统的称呼就够了。到这时"胡髯"
一词已被人们用了几百年,正好用来作这个三合一的称呼。但这
样做会有两个问题:其一,既是三合一,就不该独留"髯"字,即其
他二字也不适用。解决的办法是去掉"髯"字,代以弱化的词尾
"子",这本是唐宋以后口语的习惯。其二,这么处理,原来的"胡"
字便成了胡子的专称,不免时时让人想起"黄昏胡骑尘满城"来。
解决之道,便是拿出汉字的"类化法"来,将"胡"字加上"髟"头,变
成"鬍"字,正式加入毛发家族。解决了两个问题,于是有了"鬍
子",但这已是元明之后了。

　　汉字演变有两个大的方向:一是**类化**,将没有形旁的字加上
形旁。它的好处是使该字的词义更直观,同时也适应了汉语单音
节词向双音节词演变的进程。它的缺点是使笔画增多,字形趋繁。
二是**简化**。古人因为实际书写的需要,不断创造出各种简笔字,比
如大量出现的所谓俗字,实际上是一种起自大众的文字简化工作。
俗者,众也。文字作为交流的工具,本应该向有利于大众掌握、使
用的方向去发展。

　　胡的本义是"兽类颔下作垂状的肉",比如一种大型水禽鹈鹕,
本名鹈胡,就因其"颔下胡大如数升囊"而得名(见唐陆德明《国语》
疏)。也许是"双下巴"的福相,因而"胡"有长寿之义,所谓"弥年寿
考曰胡"、"永受胡福"是也。但从先秦起,胡就作为对西、北方少数
民族的专称而一直沿用下来了。

　　可见"鬍"只是由"胡"类化而来的分别字,义极单一,简化为
"胡",实属返祖,何况当今胡汉一家,今人更不会有古人的心理阴
影。"胡"去"胡"归,这一段历史的循环,也颇有趣。

划/劃

【释字】

划　1. guò　古卧切,去声。

　　　镰。《广雅·释器》:"～,镰也。"

　　2. guǒ　古火切,上声。

　　　同"剐"。割。《集韵》:"～,割也。或从戈。"

　　3. huá　户花切,平声。

　　　用桨一类东西拨水使船行进(后起义)。唐陆龟蒙《和钓侣》:"一艇轻～看晓涛。"《五灯会元》:"却向干地上～船,高山头起浪。"

劃　huà　胡麦切,入声。

　　(1) 用锥刀刻。引申为割裂。南朝宋鲍照《芜城赋》:"～崇墉,刳濬洫。"(2) 忽然(后起义)。杜甫《苦雨奉寄陇西公》:"～见公子面,超然欢笑同。"(3) 计划,谋划。《广韵》:"～,～作事也。"(4) 擦,抹(近代义)。如"～火柴"。(5) 划分、区分(近代义)。如"～阶级"、"～界限"。(6) 象声词。苏轼《后赤壁赋》:"～然长啸,草木震动。"

【辨析】

　　两字均从刀,所以其本义一为割,一为刻。

　　"划"的声旁为戈,所以其古音近戈。本义为"镰",作为动词自然是"割"。这一意义比较少用,而中古产生的"划水"义反成了它的主要意义,而它的读音也脱离了古音,而近于"劃"音了(但声调不同）。

"劃"左边是"畫"，就是简体的"画"字，是"劃"的声旁兼形旁（从《说文》）。这样，"劃"所从之"刀"，表示了"刻劃"之义；而所从之"畫（画）"，本义就是谋划、划分，自然就成了"劃"的引申义。事实上，"劃"就是"畫（画）"字。《说文》："畫，介也。象田四介。"而"劃，古文畫"。这里的介，就是"界"；这里的"古文"则指先秦的篆文，原来先秦篆书的畫就可写成劃。可见它们本是一个字。

因此，"划"作为兼容字，在现代汉语中仍保留了两种读音：一是读阳平的 huá，表示"划船"等义项，即其作为沿用字的意义；二是读去声（古音是入声）的 huà，表示"刻划"、"划分"等义项，实际上是其兼容的"劃"的意义。特殊的是，"划火柴"的"划"，今读平声，只是在某些方言中仍读入声。

怀/懷

【释字】

怀 fù 音副

《康熙字典》："《字汇补》：敷求切，音副。怒也。"

懷 huái 户乖切，平声。

(1) 思念。《诗·周南》："嗟我～人，实彼周行。"引申为留恋、爱惜。屈原《九歌·东君》："长太息兮将上，心低回兮顾～。"
(2) 胸前，胸怀。《诗·小雅》："将恐将惧，寘予于～。"(3) 怀藏。《礼记·曲礼》："赐果于君前，其有核者～其核。"(4) 包围。《书·尧典》："荡荡～山襄陵。"(5) 归向。《书·大禹谟》："黎民～之。"(6) 安抚。《左传·僖公七年》："招携以礼，

～远以德。”

【辨析】

“怀”字晚起,罕见用例。作为简化字可视为借形。

坏/壞

【释字】

坏　1. pī　铺枚切,平声。

(1) 土丘。《说文》:“～,丘再成者。”字亦作“伓”。宋范成大《长安闸》:“万马盘一伓。”(2) 未烧的陶器。《说文》:“～,一曰瓦未烧。”

2. péi　蒲枚切,音裴,平声。

(1) 用泥涂塞空隙。《礼记·月令》:“修宫室,～墙垣,补城郭。”(2) 屋的后墙。《汉书·扬雄传》:“故士或自盛以櫜,或凿～之遁。”

壞　1. huài　胡怪切,去声。

(1) 房屋等建筑物倒塌。《商君书》:“隙大而墙～。”引申为拆毁。《史记·秦始皇本纪》:“堕～城郭。”(2) 衰败。《左传·襄公二十四年》:“诸侯贰则晋国～。”

2. huì　胡罪切,去声。

“壞木”,伤病的木。《诗·小雅》:“譬彼～木,疾用无枝。”

【辨析】

《简化字总表》在“坏”下加注:“不作壞。壞是砖坯的坯,音 pī

(批),坏坯二字不可相混。”

　　有趣的是,“坏”的古音义恰恰就是“坯”。《说文》:“坏,丘再成也。一曰瓦未烧。从土不声。”“丘再成”是什么意思呢? 原来“成”即“就”,而“就”就是“高”的意思,那么“再成”便是“两高”(参见“復”字条),大概像北京话的“倍儿高”吧? 不过段注《说文》认为许慎本作“一成”,是汉代的孔安国先讹为“再成”的。不管如何,“坏”有高丘之义,是不错的。其第二义“瓦未烧”,当然是“坯”的意思。段玉裁在注《说文》“丕”字时指出:“‘丕’与‘不’音同。故《书》多用‘不’为‘丕’。如‘不显’即‘丕显’之类。”“坏”既作“不声”,那么就是读作“丕”声,也即“坯”声。而且古人既然用“不”为“丕”,说明在古人眼里,“坏”就是“坯”。同样,胚胎的胚字,古代也可写作“肧”。现在,“坯”仍是沿用字,而“坏”成了兼容字,就有必要将它们明确区分了。

　　“壞”,《说文》:“败也。”古人的“败”,就是今天常说的“坏了”。而且“坏”的对象极宽泛,可以是物,也可以是人或事。打仗输了,或某甲打不过某乙,当然是“败”;墙倒了,城毁了,也是“败”;肉变质了,树有病了,还是“败”。到了今天,如墙倒肉腐一类意思,多用“坏”来表示,输赢则留给“败”表示。但今天的“破败”一类词,尚存古义。

　　总之,这两字在古代的音义完全不同。现代汉语中,“坏”的本义已基本消失,而其“瓦未烧”之义,专有“坯”字表达。所以读古籍或作反推,更要注意“坏”的古音义。

回/迴

【释字】

回　huí　户恢切,平声。

(1) 旋转。《楚辞·九章》:"悲~风之摇蕙兮。"这个意义也写作"迴"。引申为掉转。屈原《离骚》:"~朕车以复路兮,及行迷之未远。"又为返回,回归(后起义)。杜甫《郑驸马池台喜遇郑广文同饮》:"燃脐郿坞败,握节汉臣~。"(2) 邪僻。《诗·小雅》:"谋犹~遹。"朱熹《集传》:"~,邪;遹,僻。"(3) 量词。一次叫一回(后起义)。杜甫《上白帝城》:"江城含变态,一上一~新。"

迴　huí　户恢切,平声。

也作"廻"。(1) 旋转,回旋。司马迁《报任安书》:"是以肠一日而九~。"(2) 掉转,回转。王维《终南山》:"白云~望合,青霭入看无。"引申为回来,回归(后起义)。杜甫《佳人》:"侍婢卖珠~,牵萝补茅屋。"又引申为回避。(3) 运转,运行。扬雄《太玄》:"天日~行,刚柔接矣。"(4) 迂回,曲折。张衡《东京赋》:"~行道乎伊阙,邪径捷乎轘辕。"(5) 量词。指事情、动作的次数(后起义)。杜甫《赠花卿》:"此曲只应天上有,人间能得几~闻。"

【辨析】

回,上古是转弯之义,引申为环绕、运转、旋转等义,更抽象为奸邪、邪曲义。后又引申为回避义,字也作"迴",如《汉书·赵广汉传》:"见事生风,无所迴避。"回的回归义,约起于唐代,如王翰诗"古来征战几人回。"回的奸邪义,据说是从同音的"袤"字假借来的,而袤义即为邪,后人反少用本字而专用回字了。

"迴"字后起,是"回"的分别字(回之初形参见"云"条)。加上形旁,大概是强调其运动的一面。

"回"与"迴"同音同义,所有各个能用"迴"的义项,都可写作

"回"。反之,"迴"无"邪僻"义,只有在这个意义上,两字不能混用,如"奸回"就不能写成"奸迴"。

伙/夥

【释字】

伙 1. huǒ 上声。

　近代字。(1) 同伴。《二十年目睹之怪现状》:"于是同众～友相见。"(2) 由同伴组成的集体。如"拉帮结～"、"散～"。(3) 量词。如"这～人"。(4) 共同,联合。如"～同"、"一床被子～着盖"。(5) 伙食。如"搭～"、"起～"。

　2. huo 轻声。

　"家伙"。(1) 指杂物、工具或武器。(2) 指牲畜或人(表轻视、玩笑或亲昵)。

夥 huǒ 胡果切,上声。

　多。《说文》:"齐谓多为～。"司马相如《上林赋》:"万物众～。"《唐书·突厥传》:"晋地狭而人～。"又"夥颐",惊叹词。《史记·陈涉世家》:"～颐,涉之为王沈沈者!"《索隐》引服虔:"楚人谓多为～,又言颐者,助声之词也。"

【辨析】

　"伙"字极晚起,但它的前身"火"却极古老。"火"除了本义外,还是古代的兵制单位,十人为一火,有点像今天军队里班的建制。《木兰诗》:"出门看火伴,火伴皆惊惶。""火伴",看起来像是一个双音节词,其实不是。它在当时是由"火"与"伴"两个单音节词组成的词组,即语言学家旧称的**仂语**,意思是军中同一"火"的战友。古汉语中不少看上去像是一个词的字组,其实多属仂语。如"消息",表示消失、生长;"书信",表示信件与送信的人等等。既是同火战友,自然是"同伴";而且共燃一火、同灶吃饭,也隐含"食"义。所以随着古语词渐向双音节词的演变,"火伴"渐固定为单词,表"同伴"之义。又因古人有类化的习惯,为"火"加上人旁,遂成"伙"字,与同为人旁的"伴"结对。这样的例子很多,如"昏姻"之为"婚姻","巴蕉"之为"芭蕉"等等。有了"伙"字,也就逐渐引申出其他用法了。

"夥"义颇单一,即表"多",是从古汉语方言固定为通用的基本词的。但在元、明以来的戏剧、小说中,就已有诸如"夥着二三十男妇"、"夥计"、"一夥强人"等语词出现了,表达的正是"伙"作一读时的各义项。这类"夥"字,都应简为"伙"。那么,《总表》所注"作多解的夥不简化",又该如何拿捏呢? 有个取巧的办法,即把语词中的"夥"换成"多",如将"万物众夥"、"地狭而人夥"换成"万物众多"、"地狭而人多",要是仍说得通,这里的"夥"就不简化;反之就应简化。

积/積

【释字】

积　zhǐ　诸矢切,上声。

《搜真玉镜》:"～,音枳。"《字汇补》:"～,诸矢切,音枳。义缺。"

積　jī　资昔切,入声。

(1) 积聚谷物。《诗·大雅》:"乃～乃仓。"引申为名词,指聚积的谷类等物。《荀子·劝学》:"～土成山,风雨兴焉。"引申为多。《汉书·食货志》:"夫县法以诱民,使入陷阱,孰～于此。"(2) 积习,积久。司马迁《报任安书》:"摇尾而求食,～威约之渐也。"(3) 滞积,阻塞。《庄子·天道》:"天道运而无所～,故万物成。"(4) 病名。《灵枢经》:"～之始生,得寒乃生,厥乃成～也。"(5) 数学名词。乘法的结果。(6) 通"绩"。(7) 通"迹"。

【辨析】

"积"有音无义,具形而已。

机/機

【释字】

机　jī　居履切,上声。

(1) 树名。《说文》:"～,木也。"段注:"～,盖即榿木也。"扬雄《蜀都赋》:"春～杨柳,袅弱蝉杪。"(2) 通"几"。矮小的桌子。《庄子·齐物论》:"南郭子綦隐～而坐。"

機　jī　居依切,平声。

(1) 弩机。《吕氏春秋·察微》:"夫弩～差以米则不发。"引申为多种机械。《战国策·宋卫策》:"公输般为楚设～,将以攻宋。"又特指织布机。《史记·郦生陆贾列传》:"农夫释耒,工女下～。"(2) 事情的关键。《韩非子·三守》:"使杀生之～,予夺之要在大臣。"又指事务。《汉书·霍光传》:"光自后元秉持万～。"(3) 事情的缘由或征兆。《三国志·蜀书·先主传》:"睹其～兆。"(4)机巧,智巧。《庄子·天地》:"有～械者,必有～事,有～事者,必有～心。"(5)时机,机会。《旧唐书·李靖传》:"兵贵神速,～不可失。"

【备考】 (1)危。《淮南子·原道》:"处高而不～。"(2)股骨与髋骨结合处。《素问》:"坐而膝痛,治其～。"

【辨析】

"机"本为树木之名,即榿树。"机"从木几声,其通"几"本属音假,且"几"的材质本是木材(参见"几"条)。

"機"在古代与"机"音义皆有别,是与之完全不同的字。"機"的本义是弩机,是弩上管发箭的装置。《说文》:"主发谓之機。"主发,就是管发射,大体上相当于今天枪上的扳机,当时就叫"弩牙"。这当然是非常要紧的部位。而古人的弩,相当于今天的先进武器,它上面的关键部位,自然集中了匠人的智慧和技巧。这样,"機"的各项引申义都有了源头。由于古人的主要生产活动是耕织,所以機又可专指织机,而且常与"杼"(梭)字连用,除了表示其本义外,还引申出"机巧"之义。

几/幾

【释字】

几 jī 居履切,上声。

(1)矮桌子。古人席地而坐,故用几。《孟子·公孙丑下》:"隐～而卧。"(2)"几几",短羽鸟飞貌。又为盛貌。《诗·豳风》:"赤舄～～。"《疏》:"～～然盛服以行礼。"

幾 1. jī 居依切，平声。

    (1) 微。《易·系辞》："夫易，圣人之所以极深而研～也。"引申为事的迹兆。同上："君子见～而作。"(2) 副词。几乎。《易·小畜》："月～望。"(3) 危。《左传·宣公十二年》："利人之～，而安人之乱。"(4) 期。《诗·小雅》："卜尔百福，如～如式。"(5) 察。《礼记·玉藻》："御瞽～声之上下。"

  2. jǐ 居猜切，上声。

    疑问词。多少。《孟子·离娄上》："子来～日矣?"

  3. jì 几利切，去声。

    通"冀"。希望。《左传·哀公十六年》："如望岁焉，日月以～。"

【辨析】

在古代，这是毫不相干的两个字。

"几"是与古人席地而坐的习惯相匹配的一种家具，即矮桌。席地而坐，重心必低，身前用以倚凭置物的用具也必低矮，几就是这样的用具。古人的"隐几"，就是靠在几上，就像现在的靠在桌子上。但古人吃饭，原先似乎并不用几。最初食器就置于席上，所以器多高脚。如置饭食的簋簠、置酒浆之樽壶，及饮器之爵、觥、斝等等类，多高足，便于坐地者取用。后来才有了长方形或圆形、四足或三足的托盘(案)。但此案既小又矮，故妇人亦可"举案齐眉"。直到坐椅用桌之后，食器才鲜用高足者，宋代以后之碗盏杯盘，方与今日略似。上下五千年，我们祖先坐在地席上的日子，远比坐在椅凳上的日子长。古代倒有一种可坐可卧的家具，叫作"床"。那时的床比"几"还矮，但比几要宽些长些，实在只是另类的"几"。段玉裁引《孝经》"仲尼尻",说"尻"就是"坐于床","尻"是处的意思,其所从之"尸"是陈列、放置之义,而其下的几在这里就是床;同样,居处的处本作"処",也从几。但坐在这样的床上,只能盘膝而坐或屈膝跪坐,与坐在席上差不多,还是不能垂足而坐,因为那床太低了。据说汉代学者管宁的一张床用了五十年,弄得此床"当膝处皆穿",因为用功而长期屈膝跪坐,双膝才会将床磨穿,垂足而坐是不会产生这种结果的。

　　而古人脱离席地而坐,改为垂足坐于椅子上,则已晚至宋代前后,距今约千年左右。随着坐姿的改变,身体重心随之抬高,原先用了几千年的"几"(也包括"案"等)也必得抬高,这才产生了现代意义的桌子。桌椅出现之初,还没有相应的文字来表述,《说文》虽已有"椅"字,但其义为"梓也",指的是梓树,与"椅子"完全风马牛不相及。所以古人依例用借字,如以"倚"代椅,以"卓"代桌。检宋人文献,率多如此。如宋杨亿《谈苑》:"咸平景德中,主家造檀香倚卓。"《五灯会元》:"叙语未终,公推倒卓子。"大约后来专造"桌"字代"卓"后,至明代前后,文章才多用"桌"字,明清之际的《正字通》收"桌"字,释为"呼几案为桌"。现代的"茶几"等词,虽还留存着"几"作为家具的类概念,但与古人之"几"已相差甚远了。

　　"幾"的本义应当是"微",这个微,就是《易·系辞·传》所说的"动之微也"(参见"幺"条)。动,是事物的发展、变化、运动;微,则是这一切刚发生而又不易觉察的表现,正值所谓"风起青苹之末"的微妙时刻。如何捕捉这个"幾"呢?当然需要以高度的洞察力,去寻找这个"动"的起始征兆。所以"知幾"是大本事。

　　"幾"作疑问词,读上声,与"几"的古音相近,表示"多少",这个意义是现代汉语中"几"的主要义项之一,使用率极高。但古汉语的"幾"作疑问词表示"多少",后面往往直接跟着名词或量词,如"幾日"、"幾人"、"幾回"等等,而不直接跟数词。"几"在现代汉语中,还可代表大于一、小于十的不定数目,如"几十年",意为多个(二至九个)十年。这种意义,古汉语中的"幾"是没有的,同样的意思,古汉语多以"数十年"来表示。但古汉语中同样存在着"幾十年"这样的句式,如《新五代史·吴越世家》:"钱氏兼有两浙幾百年。"这里的"幾百年",不是"好多个"百年,而是"几乎(差不多)"一百年。这正是"幾"作副词的用法,这个用法还保留在现代汉语中,用的是双音节词"几乎"。这里的"几"应读平声(音机),不读上声。

"幾"简化为"几",列在《总表》的第二表中,是可作类推的。但也有少数特例,在阅读古籍时应当留意。比如"肌",在古代专指人的肌肉,鸟兽的才叫"肉";而看似肌的繁体字的"膁",表示的意义是"颊肉",专指一个特定部位的肉。又如"飢",在古代是饿的意思,现简化为"饥";另有一个"饑"字,意义是"岁不熟",也就是年成不好,庄稼欠收甚至绝收,与"飢"虽有关联,但表示的意思却不同,比如"岁饑"就是年成不好,而不是某年肚子饿,而"饑"自然也简化为"饥"了。

"几"的本义较单一,作为兼容字,包容了"幾"的全部义项。

极/極

【释字】

极 jí　其辄切,入声。
驴背上用以驮物的架子。今所谓驮鞍。《说文》:"～,驴上负也。"

極 jí　巨力切,入声。
(1) 房屋的脊檩。《说文》:"～,栋也。"《汉书·天文志》:"后流星下燕万载宫～,东去。"引申指井梁。汉枚乘《上书谏吴王》:"泰山之霤穿石,单～之綆断干。"(2) 顶点,终极。《诗·

唐风》:"悠悠苍天,曷其有～。"引申为到达极点。《史记·李斯列传》:"物～则衰。"又引申为至,到达。《国语·鲁语》:"齐朝驾则夕～于鲁国。"(3) 中正,准则。《书·君奭》:"作汝民～。"又作动词,以为准则。《诗·大雅》:"匪疚匪棘,王国来～。"又特指北极星。扬雄《太玄》:"天圆地方,～植中央。"(4) 副词。最,非常(后起义)。王充《论衡》:"徒谓中人,不指～善～恶也。"(5) 疲困,疲劳。《汉书·王褒传》:"匈喘肤汗,人～马倦。"(6) 通"亟"。

【备考】 (1) 通"殛"。(2) 套于手指而利于放弦的器具。

【辨析】

"极"的古义久失而不用,作为简化字,可视同借形。

家/傢

【释字】

家 jiā 古牙切,平声。

(1) 家庭。《诗·大雅》:"未有～室。"(2) 古代卿大夫的采邑,叫做"家"。《论语·季氏》:"丘也闻有国有～者,不患寡而患不均。"(3) 夫妻互称为家。《孟子·滕文公下》:"女子生而愿为之有～。"此称夫。(4) 学派。如诸子百家。

傢 1. xiàng
同"像"。《龙龛手鉴》:"傢,旧〈藏〉作像。"

2. jiā 音家。
"傢伙"(晚起义)。也作"家伙"。《儒林外史》:"(马二先

生)又尽力的吃了一餐,撇下～伙去。"也指牲畜或人(带
轻视或玩笑意)。

【辨析】

"傢"的字式初见《龙龛》,当初也是僧人玩玩的文字游戏。"傢
伙"一词极晚起,《儒林外史》作者吴敬梓是清雍乾间人。由"家"变
成"傢",也是类化的结果(参见"伙"条)。这一类化,不化也罢,因
为当时便有人径用"家伙"的。

价/價

【释字】

价　jiè　古拜切,去声。

(1)"价人",善人。《诗·大雅》:"～人维藩。"毛《传》:"～,善
也。"一说披甲之人。(2)使者(后起义)。"来～",指来使。

價　jià　古讶切,去声。

物品的价值。汉焦赣《易林》:"长财善～。"字本作"贾"。《论
语·子罕》:"求善贾而沽诸?"

【按】《说文》无"價"字。

【辨析】

这是完全不相干的两个字。

"价",《说文》:"善也。从人介声。"《说文》以形声解字,凡所
"从某",即形旁,一般表示该字意义所属的某大类;凡作"某声",即
声旁,表示该字的读音同于或近于某字,汉代无反切,也只能如此

注音。"价"也确实读作"介"。"价"虽不常用,但也不罕见。如《宋史·曹彬传》:"走价驰书来诣。"《五灯会元》"洞山良价(高僧名)"等等。古籍中的"价"字,与价值、价格全无关系。

"價"字《说文》不收,而同代之《易林》已用,当值字式初起时也。《说文》有"賈",其实这就是"價"的本字,而"價"是后起的分别字。"賈"在古代是个多音多义字:读为 gǔ(音古),表示做买卖和买卖人(古有行商、坐贾之别,"贾"又可通"沽"),由此引申为谋取;读为 jià(古讶切),表示价值、价格;读为 jiǎ(皆哑切),作姓氏。可见"價"专取"賈"之一义分而别之。

茧/繭

【释字】

茧　chóng　持中切,平声。音虫。

　　(1) 草名。《集韵》:"～,草名。"(2) 草衰。《玉篇》:"～,草衰。"

繭　jiǎn　古典切,上声。

　　(1) 蚕吐丝做成的壳。(2) 通"趼"。手脚因摩擦久而生成的硬皮。《战国策·宋卫策》:"墨子闻之,百舍重～,往见公输般。"(3) 通"襺"。絮丝绵的衣服。《左传·襄公二十一年》:"重～衣裘。"

【辨析】

"茧"是后起字,音虫,义皆与草相关。抑今日所谓"虫草"即此字所表乎? 总之,"茧"虽有音义,但鲜见用例。

"繭"字洋洋十八画,活脱一幅图画,有虫(蚕)、有草、有丝,还有屋舍或器具,颇会蚕在草上吐丝结茧之意。但对于早就脱离了画图表意的现代人来说,犯得着吗?借"茧"之形来将它简化,书写速度起码快了一倍,实在很好。且以六书会意之法审之,蚕在草秸之中,江南称为"上栅",不正是作茧之状么?

荐/薦

【释字】

荐 jiàn　在甸切,去声。

(1) 草席。《说文》:"～,薦席也。"(2) 聚集。《左传·襄公三年》:"戎狄～居,贵货易土。"(3) 频频,一再。《国语·吴语》:"天夺吾食,都鄙～饥。"

薦 1. jiàn　作甸切,去声。

(1) 野兽、牲畜所吃的草。《庄子·齐物论》:"民食刍豢,麋鹿食～。"(2) 草席、草垫。曹植《九咏》:"茵～兮兰席。"引申为动词,垫。《史记·周本纪》:"飞鸟以其翼覆～之。"(3) 一再、频频。《诗·小雅》:"天方～瘥,丧乱弘多。"(4) 进,进献。《礼记·祭义》:"卿大夫有善,～于诸侯。"特指进献祭品。《汉书·晁错传》:"上以～先帝之宗庙。"(5) 推荐,荐举。《孟子·万章上》:"天子能～人于天,不能使天与之天下。"

2. jìn　即慎切,音晋。

通"搢"。插。"薦绅"通"搢绅"或"缙绅",指士大夫有官位的人。《史记·孝武本纪》:"～绅之属皆望天子封禅改正度也。"

【辨析】

两字古音相近,义亦相似,均从草。《说文》以"薦席"训"荐",说明它们的意义差不多。据段注,"薦席"实为"承藉"即凭借之义,姑存一说。事实上自唐宋之后,荐、薦两个字就逐渐混用了。

但在先秦,这是两个不同的字。那时"薦"的"进献"义和"推荐"义,不能用"荐"。

《说文》"薦"在"廌"部,解字曰:"兽之所食草,从廌从草。古者神人以廌遗黄帝,帝曰:'何食何处?'曰:'食薦;夏处水泽,冬处松柏。'"原来此"薦"还是神兽"廌"的食料,难怪要入廌部了。"廌"音zhài(寨),亦即叠韵联绵字"解(音懈)廌",字也作"獬廌"、"獬豸",是传说中"似山牛,一角"的神兽,它的本领是"古人决讼,令触不直"。总之,其主要特征是独角,身子像牛或像鹿(颜师古说),古人判案时,这东西就站在一边,谁人办事不公正,它就会用角狠狠抵触他。这本是传说,但现今有些司法、执法部门的门前,常会见到这位神祇的尊容,颇似西洋手执天平的公正女神,其意都在强调公正。"薦"既是神兽的专用食品,自然多了点神秘色彩,先秦在献祭这类与神交会的意义上,用"薦"而不用"荐",大概也是这个原因吧?

这两个字的关系是义项的交叉式,但大同而小异,只是在读先秦典籍时应注意区别。

姜/薑

【释字】

姜 *jiāng*　居良切,平声。

姓。《说文》:"～,神农居～水,以为姓。"《诗·大雅》:"厥初生民,时维～嫄。"

薑 jiāng 居良切,平声。

生薑。有辛辣味。可作蔬菜、调料或入药。《论语·乡党》:"沽酒市脯不食,不撤～食,不多食。"

【按】 薑、彊同源。彊(通作强)的本义是弓有力,引申为强壮;薑为"御湿之菜",可以治病强身。

【辨析】

两字同音,一作姓氏,一名植物,虽义不同,但义项都很单一。以"姜"作"薑"的简化字,只是增加了一条义项,但书写却方便了很多。事实上,《说文》"薑"写作从草从彊的蘁。看来写作"薑",古人已经作过了一次简化,去掉了弓旁。

胶/膠

【释字】

胶 1. gǔ 古禄切,入声。

(1) 脚背。《玉篇》:"～,足跗也。"(2) 牲畜的后足。

2.《五音集韵》:"苦角切,音敲。皮甲也。"

膠 1. jiāo 古肴切,平声。

(1) 具黏合作用的物质,多用动物的皮、骨等熬成。

(2) 黏着。《史记·廉颇蔺相如列传》:"若～柱而鼓瑟耳。"也特指船搁浅。《庄子·逍遥游》:"置杯焉则～,水浅而舟大也。"(3) 牢固。《诗·小雅》:"既见君子,德音孔

～。"引申指拘泥。宋沈括《梦溪笔谈》:"不～一法,乃为通术。"(4)欺诈。晋左思《魏都赋》:"缪默语之常伦,牵～言而逾侈。"

2. jiǎo　古巧切,上声。

"膠膠",扰乱貌。《庄子·天道》:"尧曰:～～扰扰乎?"

【辨析】

"胶"字后起,其古音义有点超乎想象,但同样鲜见于文献。用为"膠"的简化字,也可视为借形。

胶、膠皆从"肉",即俗称肉字旁。另有从"月"的"胶"字,音义都与"交"相同。古代从"肉"从"月"有本质区别,而作为偏旁又极易相混,事实上现代出版物大多只用"月"表示,有点不分彼此的味道了(参见"勝"条)。

洁/潔

【释字】

洁　jí　居质切,入声。

古水名。《玉篇》:"～,水也。"

潔　jié　古屑切,入声。

本字作"絜"。清洁。《孟子·离娄下》:"西子蒙不～,则人皆掩鼻而过之。"又为语言简洁。梁刘勰《文心雕龙》:"文以辨～为能,不以繁缛为巧。"引申为品行高洁。战国宋玉《招魂》:"朕幼清以廉～兮,身服义而未沫。"

【解析】

"洁"仅作古水名,用作简化字,纯属借形。

借/藉

【释字】

借　jiè　子夜切,去声。

(1) 借入、借出。《左传·定公九年》:"尽～邑人之车。"《论语·卫灵公》:"有马者,～人乘之。"(2) 假使,假令。《诗·大雅》:"～曰未知,亦既抱子。"

【备考】　助。《汉书·朱云传》:"少时通轻侠,～客报仇。"

藉　1. jiè　慈夜切,去声。

(1) 荐,草垫。祭祀时用以陈列礼品。《易·大过》:"初六,～用白茅,无咎。"引申为铺垫。《世说新语》:"正值李梳头,发委～地。"唐柳宗元《捕蛇者说》:"往往而死者相～也。"(2) 坐卧在某物之上。晋孙绰《游天台山赋》:"～萋萋之纤草,荫落落之长松。"(3) 践踏,凌辱。《庄子·让王》:"杀夫子者无罪,～夫子者无禁。"(4) 凭借,依靠。《左传·宣公十二年》:"敢～君灵,以济楚师。"(5) 连词。表假设。《史记·陈涉世家》:"失期当斩。～第令毋斩,而戍死者固十六七。"

2. jí　秦昔切,入声。

(1) 杂乱,狼藉。《说文》:"～,一曰草不编,狼～。"《史记·郦生陆贾列传》:"名声～甚。"裴骃《集解》:"言狼～

甚盛。"(2) 古代田制,借用民力耕治公田。《汉书·文帝纪》:"夫农,天下之本也,其开～田,朕亲率耕。"也作"籍田"。(3) 进贡,奉献。《谷梁传·哀公十三年》:"吴……请冠端而袭其～于成周,以尊天王,吴进矣。"范宁《集解》:"～,谓贡献。"(4) 绳,系。《庄子·应帝王》:"虎豹之文来田,猨狙之便,执斄之狗来～。"(5) 顾。唐李山甫《落花诗》:"落拓东风不～春,吹开吹谢两何因?"

【辨析】

《简化字总表》在"借"下加注:"藉口、凭藉的藉简化为借,慰藉、狼藉的藉仍用藉。"

也就是说,"借"作"藉"的简化字,是有条件的,即只适用于藉的部分义项。《总表》以词例说明。现根据这两字的古义,复将这些条件归纳如下。

其一,当"藉"作凭借、依靠、借口等义时,可简化为"借"。"借"的本义是借入、借出。借的对象可以是人,是物,引而申之,也可以是助力,是权势,是自然现象,是环境形势,甚至可以是说词(口),极为宽泛。这些意义的借,其实就是凭借、依靠,与"藉"一读的第(4)义本相通。

其二,当"藉"作连词表假设时,可简化为"借",因为在这个用途上,两字本相通。而这种假设,往往与后句形成转折,有点类似现代汉语"即使……也……"的结构。"藉第令毋斩,而戍死者固十六七",意思是"即使没被杀头,十人里也会有六七个死在戍地"。

"藉"是个多音多义字。其一读除上述两项外,其余义项下的藉,都不作简化。其二读中"藉田"之藉,本含"借用民力"之义,似可简化为"借",但真要写成"借田",一定会将人弄糊涂。因为古汉语中的"藉田",是一个有特定含义的专用词,绝不是一般意义上的

"借"田,二十五史"帝耕藉田"之说比比皆是,"普天之下莫非王土"的"帝"去向谁借、怎么借?因此我认为这个藉是不应简化的。而二读其他义项下的藉,也都不能简化。

藉的这种部分简化的特点,欲施反推者尤应关注,而以简化字书写排印古籍时,也必当小心处置。20 世纪后期影响很大的《阅读和欣赏》,在《前赤壁赋》中有"相与枕借乎舟中"之句,"枕借"原作"枕藉",藉在这里是"垫"的意思,实在不应作简化。

这类部分简化的情况,在简化字中还有一些,如干之于乾,合之于閤等等,使用它们时,就不能太粗心。

仅/僅

【释字】

仅 fù

同"付"。《六书故》:"～,从又。授物于人,付之义也。"

僅 1. jǐn 渠遴切,去声。

才,只,不过。《国语·周语》:"今天降祸灾于周室,余一人～亦守府。"

2. jìn 渠遴切,去声。

用于数字的前面,表示几乎达到,多到。唐杜甫《泊岳阳城下》:"江国逾千里,山城～百层。"唐韩愈《张中丞传后叙》:"初守睢阳时,士卒～万人。"

【辨析】

"仅"的字式应该早就产生了,有人认为它就是《说文》中的"古文奴",但细考《说文》所示篆形,并不能确定此篆即为楷书之"仅"。《六书故》释仅为"付",似牵强,自然也难觅用例。

《六书故》是宋元人戴侗所撰,此书体例奇特,即将当时通用的楷字一律先"反推"为钟鼎文,然后再按六书之法释音义,当时就被人诮为"非今非古,颇碍施行"、"六书到此,书为一厄矣"。所以该书臆说的成分不小,虽有发明,但也不可尽信。

总之只能认为"仅"的字式早已出现,虽有人为之释音义,但实无用例,作为"僅"的简化字,应属借形。

应该注意的是"僅"的第 2 义,即"几乎达到、多到"。段玉裁说:"唐人文字,僅多训庶几之几。"庶几之几,意思是"差不多"(参见"几"字条)。在唐代"僅"是甚言其多,不像现代之"仅"是甚言其少。比如"仅万人",唐人的意思是"差不多达到上万人",乃言其多;而在今天,它的意思是"只不过上万人",意在言少。对于喜爱唐代诗文的人,应知唐人的这一习惯。

惊/驚

【释字】

惊 liáng　吕张切,平声。
　　同"悢"。悲伤。《集韵》:"～,悲也。""悢,《博雅》:'悢悢,悲也。'或作惊。"

驚 jīng　举卿切,平声。
　　(1) 马因受到突然刺激而惊骇。《战国策·赵策》:"襄子至桥而马～。"又泛指惊骇、震惊。《史记·淮阴侯列传》:"一军皆～。"(2) 惊动、震动。唐李白《猛虎行》:"战鼓～山欲颠倒。"(3) 警戒。《诗·小雅》:"徒御不～,大庖不盈。"

【辨析】

《集韵》是北宋之书,看来"惊"也是后起字,虽有音义,但鲜见于文献。作为"驚"的简化字,也属借形。

据/據

【释字】

据　1. jū　九鱼切,平声。

"拮据",双声联绵字。指鸟之筑巢,口足劳苦。后用以比喻艰难困顿或处境窘迫。《诗·豳风》:"予手拮～。"

2. jù　居御切,去声。

(1) 通"據"。依据。《汉书·酷吏传赞》:"赵禹～法守正。"(2) 通"倨"。"倨傲",傲慢。《吕氏春秋·怀宠》:"子之在上无道～傲。"

據　jù　居御切,去声。

(1) 依靠。《诗·邶风》:"亦有兄弟,不可以～。"(2) 处于,占有。《史记·廉颇蔺相如列传》:"先～北山上者胜,后至者败。"(3) 抓,擎。《老子》:"毒虫不螫,猛兽不～。"(4) 凭证。《尔雅》郭璞序:"事有隐滞,援～征之。"引申为作为凭证的文件。《金史·百官志》:"中选者试官给～,以名报有司。"

【辨析】

两字大同小异。

"据"作为联绵字的成分,有音而无独立之义(参见"担"条)。《说文》释"据"为"戟挶也"。戟挶,实在就是拮据,足见联绵字中的单字,只作表音而不拘其形。早在先秦,"据"就作为"據"的通假字广泛应用,其单字之义自然随"據"义了。

除了"拮据"一般习惯用"据"外,两字可混用。

卷/捲

【释字】

卷　1. quán　巨员切,音拳,平声。

曲。《诗·大雅》:"有～者阿,飘风自南。"引申为发曲。《诗·陈风》:"有美一人,硕大且～。"这个意义也作"鬈"。

2. juǎn　居转切,上声。

卷起来。《诗·邶风》:"我心匪席,不可～也。"这个意义后来写成"捲"。

3. juàn　居倦切,去声。

书卷。书分为若干部分,每一部分为一卷。扬雄《法言》:"一～之书,不胜异说矣。"引申为考卷(后起义)。《宋史·选举志》:"试～,内臣收之。"

【备考】　(1) 通"衮"。《礼记·王制》:"制三公一命～。"

(2) 通"拳"。《礼记·中庸》:"今夫山,一～石之多。"

捲　1. juǎn　居转切,上声。

同"卷"。把东西卷成筒状。北周庾信《咏画屏风诗》:"玉柙珠帘～,金钩翠幔悬。"

2. quán　巨员切,平声。

通"拳"，拳头。《史记·孙子吴起列传》："夫解杂乱纠纷
者不控～。"

【辨析】

以"卷"为本字，有一个以卷曲为基本意义的字族，其成员包括
"捲"、"鬈"、"蜷"、"踡"、"拳"、"觠"等字，这些字的古音相同或相
近，义亦相通，是同源字。

同为卷曲，上述各字依其形旁，我们大致可以看出各自的细化
范畴：从"扌（手）"之捲，是以手卷物；从"髟"之鬈，是发之卷；从
"虫"之蜷，是虫形之曲；从"足"之踡，是肢体之曲；从"手"之拳，是
手掌之卷；从"角"之觠，是角之卷曲。它们都是卷的分别字。周祖
谟说：一些字原代表的语词在意义上有了引申，引申义由于声音
之变而成为另一词，而文字也随之分化为两个字。这种分化而成
的字，就是**分别字**（周氏《汉字与汉语的关系》）。这种现象并不少
见，如"胡"与"鬍"、"知"与"智"、"扇"与"煽"、"郭"与"廓"等等，后
者都是前者的分别字，两者有其字源和字音字义上的联系。

"卷"与"捲"之间的关系，由此可明。二字均可通"拳"，也基于
这种关系。

"卷"作名词，表示书卷，是与古人书写的载体密切相关的。上
古书写在竹木制成的简、版、策上，所谓"一简可容书于简，每简一
行而已。不及百名书于方，则合若干行书之。百名以上书于册。
一册不容，则累册为之"（段玉裁）。这里的简，便是竹简，一简只能
写一行，自然容不了多少字。如要写数十个字（百名以下），则可写
在木版（方）上。再多写点，便要将若干竹简用绳编成策（册），每策
用简多少似乎无定数，但太少不实用，太多搬不动，总要合适才好。
一策不够，就再用一策。这样的策（册），存放时可卷成卷，要写或
要看时再开卷。据说孔子读《易》，致"韦编三绝"，就是将这样的策

卷翻多了,弄得编简策的皮绳都断了好几次。可想而知,这样的一"卷"容量不可能太多,总得以一个人能较轻松搬动为限,难怪古人惜墨如金、古文简约质朴了。依我之见,简策时代有"卷"无疑,但此时之卷由于容量有限,不一定容得下一个独立的章节或段落,只是卷成之册罢了。到了书写载体改为绢帛后,此时的一卷,容量扩大了很多,才形成了真正意义上表示"书的一个部分"的"卷",每卷都是相对独立的意义单元。无独有偶,西方羊皮纸时代之初,也有这样的"卷",如著名的"死海羊皮卷"。后世之书虽不再用绢帛,但这一称呼却沿用了下来。"卷"表示考卷,是中古时产生的意义,那时书写的纸或帛,往往配有"轴",便于写毕卷起。当时科举大兴,考生的卷子写好后,不但卷好,还要加封,郑重其事。慢慢"卷"就成了考卷的专称。其读音也和"书卷"之卷一样,读去声。

　　总之,"卷"作"捲"的简化字,没有任何问题。

开/開

【释字】

开　qiān　音坚。

　　《说文》:"开,平也。象二干对构,上平也。"义为平。

開　kāi　苦哀切,平声。

　　(1) 把门打开。《墨子·号令》:"～门已,辄复上籥。"又为打开、掘开。《荀子·修身》:"厌其源,～其渎,江河可竭。"又为开辟、扩展。《韩非子·有度》:"荆庄王并国二十六,～地三千里。"又为拆开。《汉书·王莽传》:"左右～发,尚书不得知。"又为开放。唐白居易《大林寺桃花》:"人间四月芳菲尽,山寺桃花始盛～。"(2) 开创。《易·师》:"大君有命,～国承家。"(3) 启发。《礼记·学记》:"～而弗达则思。"(4) 开始。屈原《九章·思美人》:"～春发岁兮,白日出之悠悠。"(5) 开设,设置。李白《春夜宴从弟桃花园序》:"～琼筵以坐花,飞羽觞而醉月。"(6) 分开。晋阮籍《大人先生歌》:"天地解兮六合～。"(7) 排遣,解除。杜甫《春日戏题恼郝使君兄》:"通泉百里近梓州,请公一来～我愁。"(8) 开阔。晋陶渊明《桃花源记》:"复行数十步,豁然～朗。"

【辨析】

　　"开"字《说文》作"二干对构"之字式"开",不独如此,许书凡含开之字,开皆作"开",包括"開"字。考许慎本以篆书解字,故开字作二干并立之形,义为上平,且读音不详,后之学者颇多歧见。"开"罕见于文献。二干相并成为"开",当是隶变的产物,宋本《汉书·赵充国传》:"疑匈奴使已至羌中,先零、罕、开乃解仇作约。"已有"开"字,在这里是一支羌人的名称。

　　总之,开的字式固有其演变过程,但其用法却仅见此例。作为"開"的简化字,也可视同借形。

忔/慀

【释字】

忔　qì　许讫切,入声。

　　《康熙字典》:"与'忔'同。"(1) 喜欢,爱好。《博雅》:"忔,喜也。"《史记·周本纪》:"弃为儿时忔如巨人之志。"(2) 不欲,厌。《集韵》:"忔,鱼乙切,音忔,心不欲也。"《史记·扁鹊仓公列传》:"数忔饮食。"

慨 1. kǎi　苦爱切,去声。

(1) 叹息。《诗·曹风》:"～我寤叹,念彼周京。"(2) 愤怒。《左传·文公四年》:"诸侯敌王所～而献其功。"

2. xì　许既切,去声。

通"迄"。到。《礼记·哀公问》:"君行此三者,则～乎天下矣。"

【辨析】

"忔"是通过"氣"简化为"气"衍生出来的兼容字,它与"慨"在古代是完全不同的两个字。两字都表达某种情绪,但内容不同。

按段玉裁说,"乞讨"之乞原来写作"气",乞讨本是气的引申义,后来再由气"省作乞"。可见乞是气的省形,原来本是一字(参见"气"条)。所以"忔"同于"忔"也顺理成章。

克/尅

【释字】

克 kè　苦得切,入声。

(1) 能。《书·大禹谟》:"～勤于邦,～俭于家。"(2) 胜。《左传·庄公十年》:"彼竭我盈,故～之。"引申为克制。《论语·颜渊》:"～己复礼为仁。"又为好胜。《论语·宪问》:"～伐怨欲不行焉,可以为仁矣。"(3) "克日"、"克期",约定日期。《三国志·魏书·武帝纪》:"公乃与～日会战。"这个意义也写作"尅"。

尅　kè　苦得切,入声。

(1) 通"克"。取胜。《韩非子·初见秦》:"万可以～天下矣。"

(2) "尅期",限定日期。

【辨析】

"克"甲文作 ，像鼓槌之形,在甲文中多用作"能"的意义。其实,扬枹擂鼓,本是军队进攻的信号,自然含有取胜的意味;从时间节点上看,击鼓之时即进攻的起始点,所以也有约定时间的含义。《说文》释"克"为"肩也",即肩能担当负重,虽然意义也婉转可通,毕竟牵强,与甲文尤不符,所以王力不取许说。

"尅"不见于甲文,但已见于先秦典籍。"尅"从刀,其义多用于约定日期上,如刀之契刻,不容更改。

两字的区别,一是在"能"的意义上,用"克"不用"尅",如"克勤克俭",不作"尅勤尅俭";二是在"胜"的意义上,一般也只用"克",用"尅"是特例。

垠/墾

【释字】

垠　yín　五斤切,平声。

同"垠"。《集韵》:"垠,亦书作～。"

墾　kěn　康很切,上声。

耕,开发土地。《国语·周语上》:"土不备～,辟在司寇。"《管子·治国》:"民事农则田～,田～则粟多,粟多则国富。"

【辨析】

"垦"的古音义均同于"垠",实际上这是书写时产生的别体。在我国文字的初形甲骨文中,凡合体字的各个组成部分,大多可以上下左右换位,一字多式,几成常态。汉字隶定为楷书后,虽很大程度上实现了规范化,字式相对固定,但上古的这种遗风始终存在。尤其是书法成为艺术后,两千年来的书家更玩出了不少新的别体、异体字(此异作"奇"解),以致今日还不时要下功夫去作整理规范。"垦"之于"垠",恰似"秌"之于"秋","啟"之于"啓","朞"之于"期","唅"之于"吟"等等,只在位置上变点戏法,还算是技之粗者。宋人何薳的《春渚纪闻》中有一个笑话,聪明客人硬是将吝啬主人面前的一条大"蒸鲑",搬到了自己面前享用,办法就是利用"蘇"(苏)字下面的"鱼"可以左右换位,一步步去引人入套。这也算是小试锋芒,至荦荦大者,如"百寿"、"百福",登堂入室,更令人叫绝。

但"垦"作为"垠"的别体,毕竟鲜见于文献,罕用于正式场合。将它用作"墾"的简化字,倒也颇有从土艮声的味道,由此也断了它与"垠"的关系。

夸/誇

【释字】

夸　kuā　苦瓜切,平声。

(1) 奢侈。《说文》:"～,奢也。"《荀子·仲尼》:"贵而不为～。"(2) 自大,炫耀。《史记·韩长孺传》:"驱驰国中,以～

诸侯。"

【备考】 (1)美。汉傅毅《舞赋》:"坲材角妙,～容乃理。"
(2)弱。《淮南子·修务》:"曼颊皓齿,形～骨佳。"(3)通
"跨"。《汉书·诸侯王表》:"大者～州兼郡。"

誇 kuā　苦瓜切,平声。

(1)夸大,夸耀。《鹖冠子·著希》:"言仁则以为诬,发于义则
以为～。"引申为夸奖、赞美。《颜氏家训》:"递相～尚。"
(2)通"姱",美好。《抱朴子·外篇》:"饰～绮而思邪者,淫
人也。"

【备考】 大,粗。《汉书·外戚传》:"妾～布服粝食。"颜师古
注:"～,大也,大布之衣也。"

【辨析】

两字同音,义亦相近。

"夸"的本义是奢侈。过分地挥霍享受,目的是向人炫耀自己
的地位和财富,当然与自大挂了钩。寻绎起来,自有一种扩而大
之、大而化之的意味,也就是夸大、夸张之意了。

《说文》释"誇"很有意思:"誇,譀也",而释"譀,诞也",又"诞,
词诞也"。一圈绕下来,"誇"的意义便是"词诞也"。词即言之所
出,原来用来奢侈的不限于地位和财富,还可以是语言。俗话所谓
"舌头打个滚,自管说得松爽",文言所谓"夸夸其谈",即"誇"的本
义。这样看来,"誇"只是"夸"的表现之一,其所从之"言",正划出
了它的词义范围。

有趣的是这两个看来近于贬义的字,却又有褒义的色彩。如
作动词的夸赞、夸奖,作形容词的美好、娇弱等等。大概古人讲实
际,能出来夸的人,多少总有本钱在那里。而且古汉语中不少字的

意义,常常执一柄之两端,涵蕴及于正反两面。如"祥"既可指福,又可指祸;"臭"既可表臭,又可表香;而"乱"竟然就是"治";连"毒"字除了表示恶毒、毒害之外,还可表示厚待、关怀。如《易》:"圣人以此毒天下而民从之",《列子》:"亭之毒之",此"毒"即厚、怀之义,好得很(《说文》:"毒,厚也。"古代"毒"与"竺"、"笃"同音通用)。所以"夸"、"誇"的意义有贬有褒,并不奇怪,反为后代人组词留下较大的空间。

"夸"作为"誇"的简化字,是大概念覆盖小概念,很合理。

块/塊

【释字】

块 yué

《龙龛手鉴》:"～,于决反。"《字汇补》:"～,音哕。"

塊 kuài　苦对切,去声。

(1) 土块。《左传·僖公二十三年》:"(重耳)乞食于野人,野人与之～。"(2) 孤独。宋玉《九辩》:"～独守此无泽兮,仰浮云而永叹。""塊然",孤独的样子。《庄子·应帝王》:"～然独以其形立。"(3) 量词(后起义)。《宋史·瀛国公纪》:"正为赵氏一～肉尔。"

【辨析】

"块"出《龙龛》(参见"币"条),有音无义。作"塊"的简化字,借形而已。

亏/虧

【释字】

亏 yú

同"于"。《说文》："～，於也。象气之舒。"徐铉注："今变隶作于。"

虧 kuī　去为切，平声。

(1) 气损。《说文》："～，气损也。"引申为缺损，短小。《书·旅獒》："为山九仞，功～一篑。"(2) 毁坏。《诗·鲁颂》："不～不崩，不震不腾。"又为损害。《晋书·王戎传》："～败风俗。"(3) 亏负、辜负。《后汉书·王允传》："有～众望。"(4) 幸亏、多亏。元关汉卿《玉镜台》："你常好是吃赢不吃输，～的我能说又能做。"

【辨析】

将"亏"等同于"于"，是字体演化过程中产生的讹变。"于"字极古老，甲文"于"作亐形，就是一直沿用至今的"在"的意思。到了小篆里，字形变成了"亏"，楷法取弯为折，遂成楷书"亏"的字式。《说文》将"亏"释为"於"是不错的，"于"与"於"确也大同小异。最后，后人又将"亏"定为楷书的"于"，应用中多用"于"，而"亏"则渐渐废而不用了。如偶然在古籍中见到"亏"字，应知道这就是"于"字，读作"於"(乌)音。今天的污、圬等字还保留了这一读音。也有篆书从亏的偏旁隶变为于的，如"盱"、"盂"、"汙"等字。

王力指出："汉语的古今字体只有两大类：第一类是刀笔文

字,其笔画粗细如一,不能为撇捺;第二类是毛笔文字,其笔画能为撇捺,粗细随意。甲骨文、金文、小篆等,都属于第一类,隶书、草书、行书、楷书等,都属于第二类。"(《汉语史稿》)由此可见,大约在汉代完成的汉字由篆向隶的转变,是刀笔时代向毛笔时代的跨越,实为汉字的一次划时代的大变革。和一切大变革一样,在取得巨大成果的同时,未免泥沙俱下,不少字在隶变过程中走了样,即产生了所谓"讹变"(讹变),就是变革的副产品。今天通行的楷书,不过是隶书的变体,属书体之变而非字式之变,所以楷书又称"今隶"。

　　总之,古代"亏"与"虧"是完全不相干的两个字。亏的"于"义早已不用,作为简化字,它继承了"虧"的音义。

困/䁖

【释字】

困　kùn　苦闷切,去声。
　　(1) 艰难,窘迫。《礼记·中庸》:"事前定则不～。"引申为使窘。《史记·申屠嘉列传》:"文帝度丞相已～(邓)通。"(2) 贫之。《史记·宋微子世家》:"岁饥民～,吾谁为君?"(3) 劳倦。《后汉书·耿纯传》:"昨夜～乎?"

䁖　kùn
　　晚起字。方言,睡。《老残游记》第五回:"我～在大门旁边南屋里。"又疲倦欲睡。

【辨析】

　　"䁖"字极晚起,《康熙字典》尚未收录。这种近代通过类化形成的繁体字,实在没有存在的必要。"困"本有"倦"义,因倦而睡或欲睡,是自然之理。

腊/臘

【释字】

腊 xī 思积切,入声。

(1) 干肉。《易·噬嗑》:"六三,噬~肉,遇毒。小吝无咎。"也指做成干肉。唐柳宗元《捕蛇者说》:"然得而~之以为饵,可以已大风……"(2) 皮肤干裂。《灵枢经·寒热病》:"毛发焦,鼻槁~。"

臘 là 卢盍切,入声。

(1) 祭名。《说文》:"冬至后三戌,~祭百神。"这一天也是节日。汉杨恽《报孙会宗书》:"田家作苦,岁时伏~,烹羊炰羔,斗酒自劳。"(2) 夏历十二月。《史记·陈涉世家》:"~月,陈王之汝阴。"也用指岁末。杜甫《白帝楼》:"~破思端绮,春归待一金。"(3) 两面刃。《周礼·考工记》:"桃氏为剑,~广二寸有半寸。"(4) 佛教戒律规定比丘受戒后,每年夏季三个月安居一处,修习教义,称一臘。晋释法显《佛国记》:"比丘满四十~,然后得入。"(5) 冬天腌制风干的鱼肉(晚起义)。明洪楩《快嘴李翠莲记》:"酒自酒,汤自汤,腌鸡不要混~獐。"

【辨析】

　　"腊"音昔,《说文》即以"昔"为"腊"的本字。在元明以前,"腊"与"臘"的音义均无相通之处。"腊"的本义是干肉,引申为皮肤干裂,很自然。这干肉是否先经腌制,今不得而知,如经腌制再风干,那就是今天的腊肉了。《说文》释"腊"与"脯"都是"干肉",据《周礼》郑玄注:"夫物解肆干之谓之干肉,薄析曰脯,捶而施姜桂曰段修。"看来这干肉还有不同品种,如切成薄片的叫做脯,而加上香料还经过捶打的叫做"修"。将十条这样的修扎在一起,就叫"束修",孔夫子收作学费的,大抵便是这类东西,按老先生"九不食"的讲究,那"腊"大概还不错。东汉王充《论衡》引传语:"尧若腊,舜若腒。桀纣之君,垂腴尺余。"这里的"腒",义为"干雉",就是风干的野鸡;腴则是"腹下肥肉"。看来上古的两位圣君,都干瘪精瘦,足见其操劳之苦,而亡国之君倒大腹便便,尽显富态,难怪秦二世不想学尧舜了。清人魏源《观往吟》:"今人若请古人客,下箸何异惊蜉蝣;风流两晋牛心炙,若登今筵等鼠腊。"鼠腊是鼠肉干,即用古义之腊,读平声之昔音。

"臘"的腊月、腊祭之义,今天还存在于民间。佛家所称的"臘",实为僧人的"教龄"(此教指宗教)。唐元稹诗:"七十八年三十臘",说的是老僧七十八岁,入教门三十年了。"臘"的腊肉义,是很晚才产生的,自此之后,与"腊"字才产生了词义上的关联。

"腊"作为兼容字,增加了"臘"的音义。

蜡/蠟

【释字】

蜡　1. qù　七虑切,去声。
"蛆"的古体。"蜡氏",周代官名。掌清除道路不洁及掩埋路尸事。

2. zhà　锄驾切,去声。

祭名。古代年终大祭。《礼记·郊特牲》:"天子大～
八……～也者,索也,岁十二月,合聚万物而索飨之也。"
"蜡日",年终蜡祭八神之日。《世说新语》:"(华)歆～日
尝集子侄燕饮。""蜡月",指夏历十二月。

蠟 là　卢盍切,入声。

(1) 动植物或矿物的脂质。如蜜～、白～、石～等。《潜夫
论》:"和脂～之可以明灯也。"又用作动词,以蜡涂物。《世说
新语》:"或有诣阮(孚),见自吹火～屐。"唐柳宗元《鞭贾》:
"今之栀其貌,～其言,以求贾技于朝。"此是引申义,润饰、修
饰之义。又为淡黄如蜡的颜色。宋范成大《梅谱》:"～梅本
非梅类,因其与梅同时,香又相近,色酷似蜜～,故名～梅。"
(2) 蜡烛的简称。唐李贺《恼公》:"～泪垂兰烬,秋芜扫
绮栊。"

【辨析】

"蜡"竟然就是"蛆"字,音义都同于蛆,想来不少人会感到意
外。周官专设"蜡氏",负责清扫和收尸,足见古人处事之严密。蜡
的二读音炸,其义几乎与"腊"相同。实际上宋代之前用腊不用蜡,
北宋徐铉注《说文》,将"蜡"的本音"七虑切"作了改变,而"自大徐
锄驾切,遂有改其义曰年终祭名者矣"(段玉裁说)。将蜡读作"锄
驾切",则是将蜡作腊了。宋代徐铉、徐锴兄弟都是治《说文》的大
家,后人遂称兄为大徐,弟为小徐。

蠟的意义较单纯,专指从动植物和矿物的脂质,以及用其制成
的蜡烛。

总之,古代"蠟"与"蜡"是完全不同的两个字。

离/離

【释字】

离　1. chī　丑知切,平声。

　　　　"螭"、"魑"的本字。山神兽。见《说文》。

　　2. lí　吕支切,平声。

　　　　"離"的异体字。《晋书·宣帝纪》:"司马公尸居余气,形神已～。"

離　1. lí　吕支切,平声。

　　　　(1) 鸟名。《说文》:"～,～黄,仓庚也。"(2) 分别,分散。《论语·季氏》:"邦分崩～析而不能守也。"(3) 罗列,陈列。《左传·昭公元年》:"楚公子围设服～卫。"(4) 相并。《礼记·曲礼》:"～坐～立,勿往参焉。"(5) 通"罹"。遭逢。《诗·王风》:"有兔爰爰,雉～于罗。"(6) 通"蓠"。香草。屈原《离骚》:"扈江～与辟芷。"(7) 通"缡"。衣带。《汉书·班倢伃传》:"申佩～以自思。"(8) "離披",叠韵联绵字。散乱貌。宋玉《九辩》:"奄～披此梧楸。"

　　2. lì　朗计切,去声。

　　　　附着。《汉书·扬雄传》:"诸附～之者,或起家至二千石。"

　　3. chī　抽知切,平声。

　　　　"离"的异体字。即"螭"字。

【辨析】

　　"离"的一读音痴,即"螭"、"魑"的本字。甲文有🙂形,是一种捕鸟的工具,亦即"離"字所从之"离"。至《说文》释为"山神兽",初文何以演变至此,似缺中间环节。宋代徐铉疑此字乃"象形",颇切中要害。后来,读痴音的螭、魑有专字表示,而离的音义遂渐与離混通了。

甲文"離"字,像以 𤰔 捕 🐦(鸟)之形,表捕获之义。后来引申发展的诸义中,"雉離于罗"之离,尚存此义。

"離"的词义,除释文所列外,尚有不少。比如"離(离)"是八卦之一,代表火与光明。

两字音义早已互通,简化方案只是在做异体字的整理、规范而已。初版《词源》(1915 年)不收离字,定一尊于離字;如今正好换了个位。

漓/灕

【释字】

漓 lí 吕支切,平声。

　　(1) 水渗入地。扬雄《河东赋》:"泽渗~而下降。"(2) 薄。梁沈约《为南君王侍皇太子释奠》:"政缺雅乖,风~化改。"(3) "淋漓",双声联绵字。沾湿或下滴貌。唐韩愈《和虞部卢四酬翰林钱七赤藤杖歌》:"赤龙拔须血淋~。"又酣畅貌。唐李商隐《韩碑》:"濡染大笔何淋~。"(4) 通"醨"。薄酒。《史记·屈原贾生列传》:"何不哺其糟而啜其~。"

灕 lí 吕支切,平声。

　　(1) 流貌。《战国策·东周策》:"夫鼎者……非效鸟集乌飞,兔兴马逝,~然止于齐者。"(2) "漓"的别体。水渗入地。

（3）水名。一在广西境；一即大夏河,在今甘肃境。

【辨析】

《说文》两字均不收。两字同音,在"水渗入地"等义上早已相通。

"漓"作为"灕"的简化字,不致产生大混淆。

篱/籬

【释字】

篱　lí　邻支切,平声。

（1）"笊篱"。用竹篾、柳条或铁丝编成的一种勺形用具,可从汤里捞取东西。（2）同"籬"。

籬　lí　吕支切,平声。

篱笆。《世说新语·排调》："德之休明,肃慎贡其楛矢；如其不尔,～壁间物,亦不可得也。"

【按】《说文》无籬字。

【辨析】

两字大同小异。

上古无籬字,与此同义的字则有樊、藩,也是篱笆的意思。如《易》之"羝羊触藩",《诗》之"折柳樊圃"。

"笊篱",字当用篱。初版《词源》不收"篱"字,但在笊下之笊篱条,却用"篱"。除此之外,两字可混用。

里/裏

【释字】

里 lǐ 良士切,上声。

(1) 宅院,住宅区。《说文》:"～,居也。"《诗·郑风》:"将仲子兮,无逾我～。"又为古代一级居民单位。时地不同,户数多寡不一。《周礼·地官》:"五家为邻,五邻为～。"又指家乡,故里。《庄子·庚桑楚》:"～人有病,～人问之。"(2) 长度单位。古代以三百步为一里,也有以三百六十步为一里的。《左传·僖公三十二年》:"且行千～,其谁不知?"(3) 语气词。用在陈述句中,表示申辩夸张的语气(后起义)。后代作"哩"。《敦煌变文集·维摩诘讲经文》:"幸有光严弟子～,不交伊去唱将来。"

【备考】 (1) 忧伤。《诗·小雅》:"悠悠我～,亦孔之痗。" (2) 用作动词,计算里程。《穆天子传》:"乃～西土之数。"

裏 lǐ 良士切,上声。

(1) 衣服的内层。《说文》:"～,衣内也。"《诗·邶风》:"绿兮衣兮,绿衣黄～。"引申为里面、内部。《左传·僖公十八年》:"若其不捷,表～山河必无害也。"(2) 语气词,用在句末,相当于"哩"、"呢"。元白朴《东墙记》:"姐姐,天色晚了,那生必定等～。"又用于句中,相当于"的"、"底"。《宣和遗事》:"这四句分明是说了我～姓名。"(3) 通"理"。治理。朱骏声《说文通训》:"～,假借为理。"《荀子·解蔽》:"经纬天地,而材官万物;制割大理,而宇宙～矣。"

【辨析】

两字同音,但意义迥然有别。自中古以后,唯有在作语气词时相通,相当于现代的"哩"、"呢",但这种用法仅取其音,与各自的本义无关。

两字都是极古老的常用字,所以尤应注意其本义的区别。

"里"的本义,一为居所,并由此衍生出一系列引申义;二是长度单位,虽历代标准不尽同,但作为单位名称,却一直沿用至今。因此,大凡地名之里,多与其第一义相关,"故里"就绝不可写作"故裏";凡人名之作"百里"、"万里"的里,多与其第二义相关,有人硬将近代名人蒋百里反推为"蒋百裏",就是不加详辨之误。

"裏"从衣里声,是衣里包了个声旁"里"。里在这里仅作表音,是单纯的声旁,并没有将任何义项当陪嫁带过来。在形声字里,如果一个偏旁既表音又表义,习惯上叫做"形兼声"。"裏"的本义很单纯,指衣的内层,就是引申之义,也多表示空间上的内部,后来又渐至表示时间上某一时段之内。与裏相对的是"表",表是外衣(参见"表"条)。"表里"并列对举,表示内外,应用很广泛。

两字的意义都不复杂,但就怕有人"不假思索"。

隶/隸

【释字】

隶　dài　徒耐切,去声。

同"逮"。及。《说文》:"～,及也。"段玉裁注:"此与辵部逮音义皆同,逮专行而隶废矣。"

隶 1. lì 郎计切,去声。

    (1) 奴隶,古之贱役。《左传·隐公五年》:"皂～之事,官司之守,非君所及也。"用作动词,役使。《荀子·议兵》:"五甲首而～五家。"(2) 附属。《后汉书·冯异传》:"及破邯郸,乃更部分诸将,各有配～。"(3) 隶书。《北史·江式传》:"大体依许氏《说文》为本,上篆下～。"(4) 稽察。《史记·酷吏列传》:"关东吏～郡国出入关者。"

    2. yì 通"肄"。学习。

【辨析】

在古代,"隶"就是"逮"字。《说文》以"及"、"逮"互训。"及",甲文作 ，像以手(又)触人,会追及之意,与"逮"的意义确也一致。

后来,"逮专行而隶废",也就是抓住、逮捕的意义,人们专用"逮"字来表示,而"隶"字则废而不用了。

既如此,则"隶"字具形而已。现在用作"隸"的简化字,其音义都随"隸"了。

帘/簾

【释字】

帘 lián 力盐切,平声。

后起字。酒家用作店招的旗帜。《广韵》:"～,青～。酒家望子。"唐刘禹锡《鱼腹江中》:"风樯好住贪程去,斜日青～背酒家。"

簾 lián 力盐切,平声。

障蔽门窗的用具。《汉书·外戚传》："美人当有以予女,受来,置饰室中～南。"

【按】 簾与幰同源。段玉裁《说文》注:"幰以布为之,簾以竹为之。"

【辨析】

两字同音而意义有别。

见于《说文》、与"簾"意义相近的,尚有幰、帷、幕、幄等字。它们的共同功能是遮蔽,对内可以遮蔽自身的形象、活动、隐私,对外可以遮蔽人之目光、自然界的风雨阳光。幰与簾呈平面展开,只能屏蔽一面,所以多用于门窗处,当然也可用于室内作隔断;帷则四面围合似幕墙;幕则遮蔽上方,古人所谓"幕天席地",就是以天为幕、以地为席的意思;而幄则"四合象宫室",与今之帐篷差不多,"运筹帷幄"就是在帷或幄里想计策、作决策。

"簾"从竹,可知原指竹帘。佚名诗"卷簾天自高,海水摇空绿",卷的便是竹帘。"幰"从巾,则是布帘。后来材质之别淡化,任何质地的帘都可用"簾"来表示了。

"帘"字后起,专指酒家门前的酒旗,是一种别出心裁的幌子,目的是吸引眼球,招徕顾客。它的作用恰与"簾"相反,一有意张扬,唯恐人不我知;一匿影藏形,以绝外物觊觎。帘的创意,可能出自佛家的"幡刹",和尚每修得一法,就在庙里高高竖起一面幡(一种旗。但幡的初义只是抹布,参见"叶"条),目的是"自标",恰像幼儿园小朋友得了一颗小红星,最好能让大家都知道。帘之用,今天还在继续。

"帘"作为简化字,兼容了"簾"的意义,好在两字读音相同,总算还有点合并的因由。

怜/憐

【释字】

怜　1. líng　郎丁切,平声。

机灵。《广韵》:"～,心了黠貌。""怜俐",双声联绵字。聪明,机灵。宋朱淑真《自责》:"添得情怀转萧索,始知～俐不如痴。"

2. lián　落贤切,平声。

同"憐"。怜爱。《续搜神记》:"杨生养狗,甚～爱之。"

憐　lián　落贤切,平声。

(1) 矜怜,同情。《说文》:"～,哀也。"《商君书》:"壮男壮女过老弱之军,则老使壮悲,弱使强～。"(2) 爱慕,喜爱。《庄子·秋水》:"夔～蚿,蚿～蛇。"

【辨析】

"怜"读作灵,与"俐"组成双声联绵字,只作表音,无单字之词义(参见"担"条),今此字已作"伶俐"。"怜"早在东晋即已作为"憐"的别体应用了,它出现于陶潜的《续搜神记》,便是证明。这样,其音义自当从"憐"了。

"憐"简化为"怜",没有任何问题。应关注的是怜的"爱"义,现代汉语此义少用,而古汉语中"怜"作"爱"解的例子多不胜举。如《世说新语》"我见汝亦怜",《子夜歌》"怜欢好情浓",杜甫诗"百花高楼更可怜",这里的怜都作爱解,而"可怜"就是现在的"可爱"。

了/瞭

【释字】

了　liǎo　卢鸟切,上声。

(1) 了结。《后汉书·仲长统传》:"事总则难～。"引申为完了。唐杜甫《缚鸡行》:"鸡虫得失无～时。"又为动词词尾,表示完成貌(后起义)。《五代史平话》:"把二人谋议的事,从头说～一遍。"又为语气词,表示已成事实,相当于文言的"矣"。《五代史平话》:"偷了好马一匹骑坐逃去～。"(2) 副词。完全。《抱朴子》:"假令不能必尽得贤,要必逾于～不试也。"
(3) 明白。《世说新语》:"虽神气不变,而心～其故。"

瞭　liǎo　卢鸟切,上声。

眼睛明亮。《孟子·离娄上》:"胸中正,则眸子～焉。"泛指明亮。宋玉《九辩》:"尧舜之抗行兮,～冥冥而薄天。"引申为明白。汉王充《论衡》:"言～于耳,则事昧于心。"

【辨析】

两字古音相同,但意义有别。

"了"的本义是了结、完成。中古以后由动词形尾发展成语气词,强调完成的状态,依然不脱其本义,仍读作上声。依王力先生之说,语气词"了"是继承了"矣"的作用,因而凡能译为文言"矣"字的"了",就是语气词而不是动词形尾,反之亦然。如宋朱熹《朱子语类》:"某之说即移了这位次了。"后"了"可换成"矣"字,所以是语气词;前"了"显然不能换成"矣"字,所以它只是动词"移"的形尾。

今天作语气词的"了"轻读为 le,大概是近代形成的,这么读的"了",其强调"了结"的意味自然也弱化了,似乎只起到类似英语中"完成时态"的语法作用。

作副词的"了"表示"完全",用在动词之前。此时的动词多作否定式,如"了不试"、"了不顾",就是完全不去试、一点也不管的意思。《颜氏家训》"了非向韵",意为完全不是原来的韵味,此"非"即"不是",是系动词"是"的否定式。

"了"表示"明白",甚至可叠用,如《世说新语》的"小时了了",这里的"了了",就是俚语"百晓"、"样样晓得"之意。以这个意义的"了"组成的现代语词仍有不少,如"明了"、"了解"、"了然于胸"。

《说文》释"了"为"从子,无臂。象形"。子字少了一横,像人缺了双臂,"了"竟是残疾人了。而且不一而足,进而释"孑"为少右臂,释"孓"为少左臂,伤残程度各减半。未知许君何据而作此解,如随形赋义,臆断成说,则未免牵强过甚,有点像测字先生,而成宋人《字说》派之滥觞矣。故王力不取其说。

"瞭"从目,本义即眼睛明亮。引申为泛指明亮,是古代词义外延扩大的通例。又引申为明白,与"了"的第(3)义相通。除了这一项,"了"与"瞭"的其他义项均不相干。

《总表》在"瞭"下加注:"读 liǎo(了解)时,仍简作了,读 liào(瞭望)时作瞭,不简作了。"这一规定是 1986 年增补的,所以自简化方案公布至此的三十余年中,在实际应用或字典中,"瞭望"大多还是径作"了望"的。按"瞭"古读无去声,这一读音大概也是近代才产生的。

有些字如"療"、"遼"中的尞简化为了,成了"疗"、"辽",仅是个案,在《总表》中分别列出,所以并不能类推。像"憭"、"缭"、"潦"等字就不可照此办理。

猎/獵

【释字】

猎　1. xī　秦昔切,入声。

古代传说中一种像熊的兽。《山海经·大荒北经》:"有黑虫如熊状,名曰～～。"

2. què　七约切,入声。

同"狊"。良犬名。《集韵》:"狊,宋良犬名,或作～。"

獵　liè　良涉切,入声。

(1) 打猎。《诗·魏风》:"不狩不～,胡瞻尔庭有县特兮。"

(2) 通"躐"。践踏。《荀子·议兵》:"不杀老弱,不～禾稼。"引申为经过,掠过。宋玉《风赋》:"～蕙草,离秦衡。"(3) 通"擸"。捋。《史记·日者列传》:"～缨正襟危坐。"(4) "獵獵",象声词。形容风声。南朝宋鲍照《浔阳还都道中》:"鳞鳞夕云起,～～晚风遒。"

【辨析】

"猎"一读昔,义为兽;二读缺,是先秦宋国的良犬名。虽与"獵"义无关,但"猎"或为打猎的对象,或为打猎的帮手,与"獵"多少沾点边。

《说文》:"獵,放猎逐禽也。从犬巤声。"以"巤"作声旁的字,如臘、蠟、躐、擸、邋等,读音相近或相同;反观以昔作声旁的字,也均相似(参见"腊"条)。这是汉字形声字的一个基本规律。"巤"除了表音外,其本义还表示毛发直竖,也表示一种猎犬,所以可以放出去"逐禽"。

猎的本义罕见应用,作为简化字,也属借形。

岭/嶺

【释字】

岭　líng　郎丁切,平声。

　　"岭嵫"。山深邃貌。《玉篇》:"～,～嵫,山深小貌。"汉扬雄《甘泉赋》:"～嵫嶙峋,洞亡厓矣。"唐元结《闵岭中》:"入～中而登玉峰。"

嶺　lǐng　良郢切,上声。

　　(1) 山坡。又为山峰。晋王羲之《兰亭集序》:"此地有崇山峻～。"

　　(2) 五岭的简称。唐杜甫《秋日荆南述怀》:"秋水漫湘竹,阴风过～梅。"字本作"领"。《汉书·严助传》:"入越地,舆轿而隃领。"

　　【按】　"嶺"是山的一部分,凡泛称山时,一般不作"嶺"。如"山水"、"河山"。特指五岭时,不能称山。

【辨析】

　　两字音近,仅音调有别;义虽有异,但也有关联之处。

　　"岭"音铃,是从大范围去描述一片山地的形态,群山萦回,群峰错落,令人感到"深邃"的一片山地,就是"岭"。元结诗"入岭中而登玉峰","入岭中",是进入这样的境界,而所登之"玉峰",则是此中的一座山峰。

　　"嶺"字人皆耳熟能详,但真要说清它的意义,却不容易。不妨先看看苏东坡的名句:"横看成嶺侧成峰"。如果嶺就是峰,则横看侧看都一样,坡诗就没了落脚处,说了等于没说。那么,至少在北宋,嶺必有别于峰。中国历史上的"名嶺",除了五嶺,尚有赫赫有名的秦嶺和葱嶺。这些"嶺"如果解释为山坡、山道或山峰,实在有点对不上号。相较之下,还是《正字通》的解释"山之肩领可通道路者",略为差强人意。山之肩领者,比脚高,比头低,大概是近山顶处的坡道。秦岭虽险,但毕竟自古便有子午谷、褒斜道等处可通;葱岭即今之喀喇昆仑山,也有不少著名山口可通,两千年前的班超早有"坦步葱雪,咫尺龙沙"的壮举。尽管这些通道并非全在"山肩"。即便如此,则山肩可通道路者便叫做"嶺"么? 似也太过大而化之。探求古义,竟想不到在《现代汉语词典》里找到了合理的答案。它释岭的义项之一为"高大的山脉"。以此对照上述诸岭,才严丝合缝,虽为今释,却正合古义。

高大,自好理解,非丘垤可比。而山之成"脉",绝非孤立的若干山峰,而是无数山峰连绵不断、延伸极广之状。这就是"嶺"。再反观苏诗,才好理解。"横"看庐山,正好看到诸峰绵延不绝之状,好比正面看九龙壁,看到的是长长的一堵千姿百态的墙,所以"成嶺";"侧"看庐山,却看不到山脉延伸的一面,只看到貌似孤立的山峰,恰像从侧面看九龙壁,只是一根琉璃柱,所以"成峰"。嶺、峰之别,于是了然。

岭、嶺都与山相关,反映的是山的两种形相。由于古人极少用"岭"字,用它作嶺的简化字,不会有大的混淆。

卤/鹵、滷

【释字】

卤 xī

西。《康熙字典》:"～,籀文西字,即卤字省文。"

卤　lǔ　郎古切，上声。

(1) 盐碱地。《吕氏春秋》："决漳水，灌邺旁，终古斥～，生之稻粱。"引申指碱地所产之盐，也称盐卤。《史记·货殖列传》："山西食盐～。"(2) "卤莽"。粗疏，轻率。杜甫《空囊》："世人共～莽，吾道属艰难。"又指荒草。宋苏轼《渚宫》："二王台阁已～莽。"又为隐约，依稀。唐段成式《酉阳杂俎》："衣红紫者，影中～莽可辨。"(3) 通"橹"。大盾。《战国策·中山策》："大破二国之军，流血飘～。"(4) 通"掳"。掠夺，掳掠。《史记·吴王濞列传》："烧宗庙，～御物。"(5) 通"鲁"。迟钝。三国刘桢《赠五官中郎将》："小臣性顽～。"

潟　lǔ　郎古切，上声。

盐碱地。《尔雅》郭璞注："～，苦地也。"《说文》作卤。

【辨析】

"卤"就是"西"字。甲文"西"作 或 ，经籀、篆之变而隶定为"卤"。"西"在甲文中原为鸟巢之形，日西沉而鸟归巢，因而就以此形来表示方位之西。但楷书自有"西"字，除书法求变者，很少有人用卤字来表意。

所以，卤与鹵、潟虽字形相近，但音义完全不同。卤作简化字，就像"亏"字一样，都是利用由隶变产生却又废而不用的字式。

录/録

【释字】

录　lù　卢谷切，入声。

同"录"。甲骨文、金文像井上打水之形,当为"辘轳"之"辘"
的初文。

(1) 刻木。《玉篇》:"～,刻木也。"《说文》:"～,刻木录录也。"

(2) "录录",可数貌。《说文》徐锴注:"录录,犹历历也,可
数貌。"

録 1. lù 力玉切,入声。

(1) 金色,在金、黄之间。《说文》:"～金色也。"引申为～
色剑名。《荀子·性恶》:"文王之～。"(2) 记载,抄录。
《谷梁传·庄公七年》:"失变而～其时。"引申为作记载的
簿籍。陶渊明《挽歌辞》:"昨暮同为人,今旦在鬼～。"
(3) 采纳,录用。《论衡·别通》:"或弃捐不～。"引申为
收集。《世说新语·政事》:"官用竹,皆令～厚头。"又为
收留。《古诗为焦仲卿妻作》:"君既若见～,不久望君
来。"又为收捕,逮捕。《世说新语·政事》:"吏～一犯夜
人来。"(4) 记功,奖赏。《隋书·裴仁基传》:"时隋大乱,有
功者不～。"(5) 统领。《续汉书·百官志》注:"主簿～合下
事,省文书。"(6) 次第。《国语·吴语》:"今大国越～。"
(7) 检束。《荀子·修身》:"避违而不悫,程役而不～。"

2. lù 良据切,去声。

省视囚徒及其供词。《续汉书·百官志》:"诸州常以八月
巡行所部郡国,～囚徒,考殿最。"

【辨析】

"录"甲文作 🔲,疑像井辘轳,为"辘"之初文。上像桔槔(一种
利用杠杆原理提升重物的装置),下像汲水器,复加数小点像水滴。
《说文》:"录,刻木录录也。"疑非是(见徐中舒《甲骨文字典》)。汉

人无缘见识甲骨文,实为憾事。不管怎样,到了楷书里,"辘"字已有专字,而"录"虽有音义,却罕见用例。

"録"的声旁是录,所以两字音近。录的义项甚多,且又是古汉语的常用字。它的二读为"虑",事实上是虑的假借字(依段玉裁说)。

虑/慮

【释字】

虑　bì　房七切,入声。

愁貌。《玉篇》:"～,愁貌。"

慮　1. lǜ　良倨切,去声。

(1) 思考,谋划。屈原《卜居》:"心烦～乱,不知所从。"

(2) 忧愁,忧虑。杜甫《羌村》:"萧萧北风劲,抚事煎百～。"(3) 大概。粗计大数曰"亡虑"、"无虑",省作"虑"。《汉书·贾谊传》:"实皆有布衣昆弟之心,～亡不帝制而天子自为者。"

2. lù　音录。

"虑囚"。讯察记录囚犯的罪状。《汉书》、《后汉书》作"録囚",《唐书》、《五代史》作"～囚"。《旧唐书·职官志》:"凡禁囚,五日一～。"

【辨析】

"虑"音闭,有愁义,略与"慮"同,但鲜见用例。作为"慮"的简化字,可视同借形。

么/麼

【释字】

么 yāo　伊雕切,平声。

同"幺"。《古今韵会举要》:"幺,今俗作～。"

(幺)《说文》:"幺,小也。象子初生之形。"(1) 小,细。《汉书·叙传》:"又况幺麼,尚不及数子。"颜师古注:"幺、麼,皆微小之称也。"(2) 数词"一"的俗称。《聊斋志异》:"乃掷得～二三。"(3) 后面的,多用于戏曲术语中(晚起义)。元关汉卿《望江亭》:"小娘子休唱前篇,则唱～篇。"(4) 古律历天文术语,计长度的单位词。(5) 姓。

麼 1. mō　眉波切,平声。

(1) 细小。《列子·汤问》:"江浦之间生～虫,其名曰焦螟。""麼眇",双声联绵字。细小。唐柳宗元《答问》:"～眇连蹇,颠顿披靡。"(2) 代词。犹这么、那么。宋黄庭坚《南乡子》:"万水千山还～去,悠哉!"

2. ma

语气词。表疑问。唐王建《宫词》:"众中遗却金钗子,拾得从他要赎～?"

【辨析】

"么"的本字是"幺",是幺的俗字,音夭。不少从幺的字,如幼、窈、拗等字,读音都相近。而么读夭,似有点另类。"么"的本义是细、小。其引申义,也多与此关联。如"一",数之小者,可称"么"。

但"么"表示的只是基数的一,不能作序数,所以不能说"第么";其后也不缀单位名词,不能称"么匹马"。又排行在后,是序之小者,也称么,比如"么篇",就是前篇之后。段玉裁引《通俗文》:"不长曰么,细小曰麼",那是细分了。不少从"幺"的字,如幼、幽、幾等等,也带有细小之义。

"麼"音摩,又音吗(轻读),读音与"么"完全不同。麼的本义是细、小,这点倒与么相通。所以古人说"么麼"(读如夭摩),是言其小而又小,至于说"么麼小丑",则更添一小,小极了。

"麼"在中古以后,增加了作代词或语气词的用法,这是"么"所没有的。

麼作代词,大体有两种用法。一种相当于现代的指示代词,表示"这么"、"那么"、"这样"、"那样"等等,唐宋时人往往用"麼"或"恁麼"来表达。释例之"万水千山还麼去",麼即作"这么"或"那么"解;又如"恁麼则供养何用?"(《五灯会元》卷四)表示"(既)这样,则供养有什么用",恁麼即作这样或那样解。另一种则相当于现代的疑问代词,表示"什么",麼可单用,如"浙中米作麼价?""用汝眼作麼?"(《五灯会元》卷六)也可组成"甚麼"、"麼生",表示"什么",如"牛在麼生处?""为甚麼不供养?"(《五灯会元》卷二)不妨再看取自《五灯会元》的一例:"沙门因甚麼到恁麼地?"此句则两种代词兼而有之。注意,这种意义的"麼",仍读本音摩,不作弱化处理。后来随着汉语向双音节词的演变,人们开始在"麼"的前面加上真正意义上的指示代词或其他词干,将笼统的"麼"细化为"这麼"、"那麼"、"多麼"等等,而"麼"也逐渐成为后缀,读音也弱化为 me了。而现代的"什么"则明显来源于中古口语"甚麼"。

大约在同一时期,麼又产生了作语气词的用法,表示疑问,读为轻音的"吗"。据王力先生考证,这一意义的麼应是从"无"演变来的。如白居易诗:"能饮一杯无?"唐人读无为"吗",后来以麼代无,麽也读若"吗"了。与"无"相似的,还有"未"字,似也可视为麽的源头。如"还识得目前也未?""打得铁船也未?"这里的"未"也带有表疑问的语气词意味。

有时,"麽"作代词或作语气词,还会产生歧义。如"知麽?"(《五灯会元》卷六)如麽作代词,则此句意为"知道什么?"问的是知道的内容;如作语气词,则意为"知道吗?"问的是知道这一状态的本身。何择而从,读者还得从当时的语境中去寻绎。但如果能亲耳听到和尚的问话,肯定马上就明白:如麽作代词,必读为重音之摩,恰如天津人口中的"知道嘛?"("嘛"读重音)如作语气词,则必读轻音之吗。

从《水浒传》、《西游记》、《红楼梦》直到清末的《镜花缘》,作语气词而表疑问的,都用"麽"。"吗"字是相当晚起的。

"么"用作"麽"的简化字,是有条件的,所以《总表》在么/麽后加了个耐人寻味的注:"读 me 轻声。读 yāo(夭)的么应作幺(幺本字)。吆应作吆。麽读 mó(摩)时不简化,如幺麽小丑。"

将"注"展开,可归纳出如下几条:

一、只有在读轻声 me 时,麽简化为么。所以《现代汉语词典》在么下的义项为两条。其一是作后缀,如这么、那么、怎么、多么(另在"什"下列"什么");其二是作歌词中的衬字,如红呀么红似火。

二、凡读夭的"么",应写作"幺",自然"吆"当写作"吆"。

三、读摩的"麽",不简化。原因很简单,如幺用异体么,"麽"又简为么,则古文"幺麽"就变成了"么么",岂非老母鸡变鸭?

但还有一条"注"中未作说明,即作语气词表疑问、读作吗的"麽",能简化吗? 现代汉语虽用吗而不用麽,但如出简体版古籍,这是必须明确的。答案是可以的,事实上也是这样。如人民文学版简体《红楼梦》八十八回:"平姑娘在屋里么?"便是例证。

由于有这样的限定,现代汉语中的"么",几乎都可反推为"麽"。

蒙/矇、濛、懞

【释字】

蒙　méng　莫红切,平声。

(1) 草名。即女萝。(2) 覆盖,包裹。《诗·唐风》:"葛生～楚,蔹蔓于野。"引申为蒙骗,隐瞒。《左传·僖公二十四年》:"上下相～,难与处矣。"(3) 受,遭受。《汉书·杜钦传》:"申生～无罪之辜。"引申为冒着。《汉书·晁错传》:"故能使其众～矢石,赴汤火,视死如生。"(4) 愚昧,无知。《易·蒙》:"匪我求童～,童～求我。"引申为谦词。犹言愚。汉张衡《西京赋》:"……～窃惑矣。"又为敬词。承,承蒙。宋王安石《答司马谏议书》:"昨日～教。"(5)《易》卦名,坎下艮上。(6) 通"龙"。杂色。(7) "蒙戎",叠韵联绵字。蓬松的样子。《诗·邶风》:"狐裘～戎,匪车不东。"又作"龙茸"。(8) "蔑蒙",双声联绵字。快速、飞扬貌。

矇　méng　莫红切,平声。

(1) 失明者,盲人。屈原《九章》:"玄文处幽兮,～叟谓之不章。"《释名》:"～,有眸子而失明,蒙蒙无所别也。"特指乐师,古代以盲人为乐师。(2) 蒙昧。《论衡》:"人未学问曰～。"

濛　méng　莫红切,平声。

(1) 微雨貌。《诗·豳风》:"我来自东,零雨其～。"(2) "濛濛",云雨密貌。汉严忌《哀时命》:"雾露～～,其晨降兮。"又

为不分明貌。唐岑参《与高适薛据登慈恩寺》:"五陵北原上,
万古青～～。"(3)"濛澒",叠韵联绵字。未分的元气。《论
衡》:"溟涬～澒,气未分之类也。"又作"～鸿"。

懞 1. méng　谟蓬切,平声。

　　诚厚貌。《管子・五辅》:"敦～纯固,以备祸乱。"

　　2. měng　母捴切,上声。

　　"懞懂",叠韵联绵字。昏昧,糊涂(晚起义)。元陈元亮
　　《岁时广记》:"元日五更初,猛呼他人,他人应之,即告之
　　曰:卖与尔～懂。"

【按】　冒、帽、鍪、雾、蒙、懞、梦、瞢、冥、濛、盲、矇、瞀等字都
和蒙冒的意思有关,故诸字同源。

【辨析】

"蒙"的基本意义是覆盖、包裹,由此引申出其他义项。这一点
和"冒"颇相像。实际上,蒙的本字是"冡",意义是覆盖,并不从草;
而冒则是"冡而前也",即蒙着头向前走。从草的蒙,本是草名,后
来渐渐代替了冡字,"蒙行而冡废矣"。

矇、濛、懞,明显可以看出它们都是蒙的分别字,而从其形旁又
可大体看出各字之所指。从"目"者,是眼之被蒙;从"水"者,是被
雨所覆;从"心"者,是人心被蔽。有意思的是"懞",有"诚厚"之义,
明明是好事,怎么也属心之被蒙呢?大概人心多被外物所惑,如蒙
其心,也就心无外骛,则无机心、贪心、嗔心、痴心,几于"赤子之
心",也就诚厚了。中国文化"相反相成"之理,自然也反映在文
字中。

从这一字族里,我们也可窥知汉字演变的规律之一。上古语
词多单音节,如"马",是大概念。那么各种各样的马该怎么表达

呢? 古人的办法不像现代人在"马"的前后加限制词,而是分别造字。这样,各种性别、年龄、毛色、大小、优劣的马,几乎都有专字表达。如公马叫"骘"、母马叫"骒",红马叫"骝"、黑马叫"骊"等等,一部《尔雅》,充满了这样的字。随着汉语词向双音或多音节的演变,这种专用的字词,多可用类概念前后加限制词的方法替代,同一"马",可加红、黑、公、母等定语组成许多复合词。这么做,显然比记住无数专用名词简单多了。如此,则原有的骘、骒、骝、骊这类字就渐渐失去了使用功能。

　　同样,以这种观点来看"蒙"的一族,以大概念蒙取代各个细化的字词,在现代绝不会影响表义,也符合汉字本身的发展规律。

面/麵

【释字】

面 miàn　弥箭切,去声。

　　(1) 脸。《左传·哀公十六年》:"子西以袂掩～而死。"用作状语,表示"当面"。《书·益稷》:"汝无～从,退有后言。"(2) 前面。《书·顾命》:"在左阶～。"又为方面。《史记·殷本纪》:"汤出,见野张网四～。"(3) 物体的表面(后起义)。唐韩愈《南山诗》:"微澜动水～,踊跃躁猱狖。"(4) 向。《列子·汤问》:"北山愚公者,年且九十,～山而居。"又为背着。《汉书·张殴传》:"不可者,不得已,为涕泣,～而封之。"颜师古注:"面为背之也。"(5) 见面,见。苏轼《与任德翁》:"半月不～,思企深剧。"(6) 量词。《宋书·何承天传》:"上又赐银装筝一～。"

麵 miàn　莫甸切,去声。

后起字。同麪。《南史·西域传》:"人多噉~及牛羊肉。"唐白居易《寄胡饼与杨万州》:"胡麻饼样学京都,~脆油香新出炉。"

【辨析】

在古代,这两个字除了同音,在义项上毫不相干。

"面"的本义是脸,其他义项均由此引申而来。但在古代,脸不等于面。脸字《说文》不收,它是大约6世纪后出现的后起字。当时的"脸"专指面上搽胭脂之处,大抵指两颊的上部。可见脸只是面的一部分,而且多用于妇女。梁吴均《小垂手》:"蛾眉与曼脸,见此空愁人",唐白居易《昭君怨》:"眉销残黛脸销红",脸指的都是妇人的两颊。后来脸的词义扩大,才与面的本义一致,《水浒传》中的脸就指面了。而面在现代普通话口语中反有渐被脸取代之势。不过面的本义仍在现代书面语中存在,如"面不改色"、"两面三刀"、"唾面自干"等等;也在某些方言中活着,如吴语就多用面而罕用脸。

面固有当面、前面之义,但古代它还有"相背"之义。如古籍中常见的"面缚",就既不是当面捆缚,也不是缚在前面,而是将手反背而缚。又如《汉书·项羽传》记项羽临死,让老部下、但已是汉将的吕马童取自己的头去领赏,但"马童面之",意思便是吕马童背过脸去,觉得不好意思。段玉裁将这种用法称为"穷则变,变则通",也颇有意味。面古无面食之义。

麵也是后起字。《说文》无"麵"字而有"麪"字,释为"麦屑末也"。指的是麦粒捣磨成的粉,面粉。晋束晳《饼赋》:"重罗之麪,尘飞雪白",指的就是面粉。麪又指面粉制成的食品,后来也专指面(面条类)。再引申则可指一般的粉末。其实麪与麫应该是同一个字,只是声旁由面换成了丏(不是乞丐的丐),多半是由于上古至中古的读音有了变化(面,弥箭切,去声;丏,弥兖切,上声)。范围广一点的谷类的粉末,《说文》用"糗"字来表示。而汉代虽有"粉"字,但许君只释为"所以傅面者",即专指用于搽脸的物事,宋代徐锴(即小徐)说古人也用米粉搽脸,段玉裁则将所搽"面"的范围扩大,认为可指广义的表面;总之,那时的粉与现代表示粉末的面,还是有区别的,如果在汉代对人说"面粉",人家一定先想到搽脸或搽抹。

虽说做面的原料麦,早在先秦就已广泛种植,但在先民的主食中,看重的是黍(黍子、黄米)、稷(谷子)、稻(黏米)、粱(优质的稷),麦的地位并不突出。比如《后汉书·羊续传》:"其资藏唯有布衾、敝祇裯,盐麦数斛而已。"家里的财产只有麻布被、破短衣(皆穷人所用),外加一点盐和麦,足见其清廉,也可见麦的不值钱,远比不上稻粱。原因大概是,在上古麦与麦食的加工技术尚较粗糙,做点面食不方便,也不大好吃。当时的麦可制成"糗(qiǔ)",其实就是炒麦,大抵只能做干粮;也可做成"饼"。但那时的饼不是烙的,而是将麦捣成粉后团成饼状,想来生粉成团还需蒸煮,熟粉成团就像今天的粉团了。饼入沸水还可制成"热汤饼",颇类今天北方的煮小饼、煮窝窝(参见许嘉璐《古代的衣食住行》)。加之"捣"出来的面粉类似"屑末",口感也不见得好。所以,直到南北朝时期,看到胡人一味"噉面",将麦当主食,还觉得非我汉俗,有点另类。

大约从隋唐代开始,中原的面粉加工技术有了很大进步,而且面食的制作也日见精巧,饼也有了烘烙之法,也许起初正是从"胡人"那里得的窍门,因为当时烙出来的饼就叫"胡饼"。此后面食才渐成品类日多、贫富皆宜、俗雅共"尝"的主要食品,以至白居易还用"胡饼"当礼物。

但是同样可以加工为粉状而可作食物的原料不止麦一种,其他谷物、豆类尚多。所以去掉"麪"字限制品类的形旁"麥(麦)",专以声旁"面"来表示这一类食品,不仅形简,而且扩大了其涵盖面。

很明显,面的反推空间极有限。

蔑/衊

【释字】

蔑　miè　莫结切,入声。

(1) 削,消灭。《易·剥》:"初六,剥床以足,～贞凶。"《国语·周语》:"不夺民时,不～民功。"(2) 小,微小。汉扬雄《法言》:"视日月而知众星之～也。"(3) 末,末尾。《逸周书》:"予小子追学于文、武之～。"(4) 轻侮,轻慢。《韩非子》:"吾闻宋君无道,～侮长老。"(5) 无,没有。《诗·大雅》:"丧乱～资,曾莫惠我师。"又用作否定副词,相当于"莫"、"不"、"没"。《左传·僖公十年》:"君纳重耳,～不济矣。"(6) 蔑蒙。双声联绵字。快速,飞扬貌。

衊　miè　莫结切,入声。

污血。又用作动词,谓以血或秽物涂染。《金史·李复亨传》:"刀～马血,火锻之则刃青。"引申为污蔑、诋毁,以不实之词诬毁别人。《汉书·文三王传》:"污～宗室,以内乱之恶披布宣扬于天下。"这个意思后来多写作"蔑"。

【辨析】

"蔑",甲文作。左边是人形,以眉目代首,似作惊恐状;右边是一枝戈,已经刺入人形。此形与甲文"伐"字所会之意相同,所以,蔑、伐实为一字。可见,蔑的本义就是削、伐、灭。其引申义多由此衍生,比如打仗讨伐,自要在战略上藐视敌人,轻蔑之意不言而喻;而蔑作副词表否定,大约因其古音近于"莫"、"靡"、"不"等字,古人用作借字而渐成其义的。《说文》蔑字从"苜"不从草,依稀还可见甲文的遗风。

"衊",血是形旁,而蔑则形兼声。征伐必流血,甚至流到"飘杵",那污血就叫作衊。后来引申为用血或秽物涂抹。古籍尤其是古人的小说笔记中常常可以看到,战争的一方或双方有时会用污血秽物泼向敌方,于己是祛灾,于人是不祥,专想让对方"触霉头",用"衊"来"污"人。上古的忠臣侠士,见了敌国之君,也常宣称要"以颈血溅大王",一面表示自己不怕死,一面也表示对对方的轻蔑。

蔑、衊在表示轻慢、侮蔑意义时相通,其他义项则不相干。

宁/寧

【释字】

宁 zhù 直吕切,上声。

(1) 贮。段玉裁云:"～与贮盖古今字。"(2) 门屏之间。《尔雅·释宫》:"门屏之间谓之～。"

寧 1. níng 奴丁切,平声。

《说文》作"寍"。安。《易·乾》:"首出庶物,万国咸～。""归宁",女子回娘家省视父母。《诗·周南》:"归～父母。"又在家居丧。《汉书·哀帝纪》:"博士弟子父母死,予～三年。"

2.　nìng　乃定切,去声。

副词。（1）宁愿,宁可。《论语·八佾》："与其奢也,～
俭。"（2）岂,难道。《史记·陆贾列传》："居马上得之,～
可以马上治之乎?"（3）乃,竟。《诗·小雅》："民之讹言,
～莫之惩。"字又作"甯"。

【辨析】

"宁"音柱。甲文作𠁁,像器物上下左右都有楮柱,中空可贮
物,本为贮物之器。甲文"贮"作𠂤,正像"宁"中贮"贝"之形。段
玉裁认为宁、貯本为一字,也不无道理,尽管他还无缘见到甲骨文。
宁引申为门屏之间,因此处已在住宅的大门与门外的照壁之间。
照壁,古代叫做屏,也叫做萧墙。屏以内即住宅本体,所以孔子说
的"萧墙之内",指的是自家之事。人或物在这里,恰像贝在宁中。
而宁也是古之伫字或竚字(《说文》有"宁"而无"伫"、"竚"),三字都
有立待之义:主人在这里立待客至,客人在这里立待引见。虽说
"宁"作为本字在古籍中出现的频率并不高,但从"宁"而读为 zhù
(柱)的字却很多,如詝、芧、伫、紵、貯等等。

读阳平 níng 的"寧",表示安宁,是它的本义。甲文寧作𡩙,像
皿在屋下,家里安安稳稳放着器物,瓶瓶罐罐完好无损,当然是安
宁之状。《说文》之"寧"作"寍",实本于甲文,只是甲文本不从
"心",而金文之寧多已从心。但《说文》又另列"寧"字,释为"愿
词"。《说文》的"词",是个特定概念,大体是指"意内言外"的语词,
如"皆,俱词也"、"鲁,钝词也"等等。这样"寍"与"寧"成了两个字,
即表安宁用寍、表宁可、毋宁(副词,读去声)用寧。但从字源上看,
完全没有这种必要。王力重新将它们归为一字,是有道理的。与
宁一样,从"寧"的字也有很多,如檸、濘、擰、嚀、獰等等。

"宁"与"寧"是音义完全不同的字。有意思的是,宁自从做了

寧的简化字后,其音义完全从了寧,而"宁"自身的古音义几乎完全被"摈弃"。但这并不意味着"宁"的古音义被一笔勾销,而是将这些音义归属于另一个字式"宁"。《总表》在宁下加注:"作门屏之间解的宁(古字罕用)读 zhù(柱)。为避免此字与寧的简化字混淆,原读 zhù 的宁作宁。"

这样处理非常必要。首先,以简体书与或刊印古籍时,避免了同时出现两个音义不同而字式相同的"宁"的矛盾。其次,或许更重要的是,原来从"宁"而读"柱"音的一组字,也与从"寧"的一组字,有了字式上的区分。如伫作"伫"、纻作"纻"、贮作"贮"、苎作"苎"等等;而从寧之字则简化为从"宁",如檸作"柠"、澤作"泞"、擰作"拧"、嚀作"咛"等等。这样,最起码也可避免人们因"读半边"而念别字。

据此,则现有之"宁"反推为"寧",没有太大问题,也算是少有的特例。

泞/澤

【释字】

泞 zhù　丈吕切,上声。

(1)"澹泞"。澄澈、明净。又作"淡泞"。晋木华《海赋》:"决湃澹～,腾波赴势。"宋苏舜钦《水调歌头·沧浪亭》:"淡～洞庭山。"(2)水停貌。《晋书·束皙传》:"良田数千顷,～水停洿,人不垦殖。"

澤　1. nìng　乃定切,去声。

烂泥。《左传·僖公十五年》:"晋戎马还～而止。"

2. nì　乃计切,去声。

陷入泥中。《管子·地员》:"不～车轮,不污手足。"

3. níng　囊丁切,平声。

"汀濘",叠韵联绵字。泥淖,烂泥。汉张升《与任彦坚书》:"今将老弱,处于穷泽,渐渍汀～,当何聊赖。"

【辨析】

这两个字的关系与宁和寧的关系相对应(参见"宁"条)。

"泞"音柱,其义均与水有关。依《总表》规定,它的简化字本应作"氵寅",但一般字库均无此字(此字形曾有人用作"演"的简化字,但国家语委并不认可)。与此类似的还有一个"柠"字,此字古已有之,音柱,是"楮"的别体;而柠檬之"柠"是"檸"的简化字。

"濘"从水寧声,其义均和泥相关,依偏旁简化的规定简为泞。

应注意这两字的古音义完全不同,但现在"淡泞(音柱)"的泞该怎么写,似乎已成了问题。

辟/闢

【释字】

辟　1. bì　必益切,入声。

(1) 法,法度。《说文》:"～,法也。"《诗·小雅》:"如何昊天,～言不信。"用作动词,取法,效法。《逸周书》:"天子自三公上下～于文武。"(2) 治理。《书·金滕》:"我之弗～,我无以告我先王。"特指治罪、惩罚。《左传·襄公二十五年》:"先王之命,唯罪所在,各致其～。"(3) 罪,罪行。《国语·周语》:"土不备垦,～在司寇。"(4) 天子、诸侯国君的通称。《书·洪范》:"惟~作福,惟~作威。"后来又指朝廷的大官。汉张衡《西京赋》:"正殿路寝,用朝群~。"(5) 征召。汉蔡邕《郭有道碑文序》:"群公休之,遂~司徒掾。"(6) 躲避,避免。这个意义后来写作"避"。(7) 腿瘸。这个意义后来写作"躄"。

【备考】 (1) 绩麻。《孟子·滕文公下》:"彼身织屦,妻~纑……"(2) 闭。《庄子·田子方》:"口~而能言。"(3) 明,彰明。《诗·大雅》:"~尔为德,俾臧俾嘉。"

2. pì　房益切,入声。

(1) 打开。这个意义后来写作"闢"。《国语·晋语》:"晨往,则寝门~矣。"引申为开辟,开拓。《荀子·富国》:"将~田野,实仓廪。"(2) 通"擗"。捶胸。《礼记·檀弓下》:"~踊,哀之至也。"

【备考】 一种捕捉鸟兽的工具。《庄子·逍遥游》:"中于机~,死于罔罟。"

3. pì　芳辟切,入声。

(1) 偏颇,不实在。这个意义后来作"僻"。《论语·先进》:"参也鲁,师也~。"又为邪僻。《商君书·弱民》:"境内之民无~淫之心。"(2) 偏僻,幽僻。后亦作"僻"。屈原《离骚》:"扈江离与~芷兮,纫秋兰以为佩。"(3) 通"譬"。《墨子·小取》:"~也者,举物而以明之也。"

4. mǐ　母婢切,上声。

通"弭",停止,平息。《礼记·郊特牲》:"祭有祈焉,有报焉,有由~焉。"

5. bò　博厄切,入声。

通"擘"。分开。《礼记·丧服》:"绞一幅为三,不~。"

6. pī　宾弥切,平声。

通"纰"。织物的花边。《礼记·玉藻》:"而素带,终～。"

闢　pì　房益切,入声。

(1) 打开。《说文》:"～,开也。"引申为开拓。《吴子·图国》:"～土四面,拓地千里。"又为开垦。《史记·田敬仲完世家》:"田野～,人民给。"(2) 开阔。晋潘岳《西征赋》:"蹈秦郊而始～,豁爽垲以宏壮。"(3) 屏除。《荀子·解蔽》:"～耳目之欲,可谓能自强矣。"(4) 通"避"。回避。《周礼·天官》:"凡外内命夫命妇出入,则为之～。"《释文》:"～,本又作辟。避也。"

【辨析】

"辟"是古汉语中音义都极多的一个字。

"辟",甲文作🐾,像人作跪姿,一旁有🦴(辛)伺候着。"辛"是古代用来黥额(即在额上刺字)的刑具。可见,辟的初文描述的正是对犯人动刑的景象。要惩罪,自要据法。所以,《说文》所谓"辟,法也",正近辟的本义。辟古音为入声,略近吴方言之"必"音。

法是统治者的工具,从使用的一方看,当然就是治理、治罪;征召人来,是用他来执法,所以也叫"辟";上古天子、诸侯国君是法的最高代表,更叫做"辟",而且"惟辟作福,惟辟作威",一旦失去王位,还要想法去"复辟",活脱路易十四"朕即法律"的鲜活注脚。执法治罪是主动的行为,目的是除恶,"辟邪"之辟即用此义。从受的角度,也就是法所不容的一面看,便是罪、罪恶,一般人当然都要避免,"辟易"(退避)之辟即用此义。可见"辟"的很多引申义,都与其本义相关。

文字是语言的记录,一个民族可以没有文字,但一定有语言。以文字而言,则"形"的产生必在"音"、"义"之后。仔细分析"辟"的诸多音、义,会发现有相当大的一部分都来自同音通假。推测起来,可能是因为上古字少,有不少能说的意义,却没有专字来记录,最简单的办法,就是借一个同音或音近的字来派用场。这正好可以解释时代越古音假越多的现象。随着文字的发展,很多通假字都演化出自身意义上的分别字(参见"卷"条)。以"辟"为本字,表示打开,有"闢";表示逃、躲,有"避";表示捶胸,有"擗";其余如僻、躄、擘等等,均各有所指。而在上古,这些义项都可归在"辟"的名下。但也可以发现,这些分别字只在读音上仍与本字"辟"相近,而与辟的本义则渐行渐远了。

可见,"闢"是"辟"的分别字,意义比本字狭隘得多。以辟作简化字,是向本字的回归。像这样的字如欲作反推,千万要注意分析,不要弄出"惟闢作福"来。

苹/蘋

【释字】

苹　1. píng　符兵切,平声。

　　草名。蘋蒿。《诗·小雅》:"呦呦鹿鸣,食野之～。""苹苹",草丛生貌。宋玉《高唐赋》:"涉莽莽,驰～～。"

　　2. píng　旁经切,平声。

　　(1) 通"萍"。浮萍。《大戴礼记·夏小正》:"湟潦生～。"

　　(2) 通"屏"。屏蔽。《周礼·春官》:"～车之萃。"

　　3. pēng　披耕切,平声。

　　"苹萦",叠韵联绵字。回旋貌。汉马融《长笛赋》:"争湍～萦,汩活澎濞。"

蘋　pín　符真切,平声。

水草名。即大萍,也叫田字草。蕨类植物。《诗·召南》:"于以采～,南涧之滨。""蘋果",一种水果(晚起义)。清汪颢《广群芳谱》:"～果,出北地,燕、赵者尤佳。"

【辨析】

两字音近,一作后鼻音,一作前鼻音。

两者均从草,表植物。"苹"是草本的藾蒿,"蘋"是蕨类的大萍。《诗经》涉草木鱼虫之名甚多,也有人就此作专题研究的。

蘋果之义晚起,已与蕨类无关了。其实,在这一义上,用苹或用蘋都无所谓,择简而从应是正确的选择。

凭/憑

【释字】

凭　píng　扶冰切,平声。

倚靠。《说文》:"～,依几也……《周书》:'～玉几。'"杜甫《遣闷》:"哀筝犹～几,鸣笛竟沾裳。"

憑　píng　扶冰切,平声。

(1) 靠。《书·顾命》:"相被冕服,～玉几。"(2) 依仗,倚托。杜甫《至后》:"愁极本～诗遣兴,诗成吟咏转凄凉。"引申为依据。唐颜师古《封禅议》:"委巷浮说,不足～据。"(3) 任凭,随便(晚起义)。《红楼梦》三十回:"你要打要骂,～你怎么样,千万别不理我。"

【备考】　满。屈原《离骚》:"～不厌乎求索。"王逸注:"楚人名满曰～。"

【辨析】

《尚书》中"凭玉几"与"憑玉几"互见,可能与《尚书》自汉代起便有今、古文之别,再加上历代流传中的讹变有关。但凭、馮(古音评)、憑同音,它们之间的同音通假是可以肯定的。依段玉裁之见,倚靠之义本用"凭",后来假借为"馮",再后来又写作"憑"。

"憑"的本字应当是"馮"(音评)。宋代徐铉注《说文》"馮"字曰:"经典通用为依馮之馮,今别作'憑',非是。"非是,就是不对。不论其是抑或非是,至少可以看出,宋人眼里的"憑"还是"别作"之字,相当于"馮"的别体字。

王力指出,凭、憑虽本为一字,都有倚靠之义,但后来有了分工。"凭"字多指具体的行为(倚靠),"憑"字兼有抽象的意义(凭借)。可见,憑的意义更宽泛,依靠的对象从物质延伸到了精神、社会等范畴。

"凭"字古又读去声,必须是指具体的行为,而且不能写作"憑"。例如杜甫诗"小睡凭藤轮"(音调为仄仄仄平平),不能写作"小睡憑藤轮"(音调为仄仄平平平)。"憑"字不读去声。

凭作为憑的简化字,只是将其词义外延扩大而已。从字源上看,可看成同一个字的两种字式,现在只是择其简者而从之。

仆/僕

【释字】

仆 pū 蒲北切,入声。

向前跌倒。《史记·项羽本纪》:"樊哙侧其盾以撞,卫士

～地。"

僕　pú　蒲木切,入声。

(1) 奴隶,奴仆。《诗·小雅》:"民之无辜,并其臣～。"引申为自谦之词。司马迁《报任安书》:"～少负不羁之才。"(2) 驾车的人。《论语·子路》:"子适卫,冉有～。"

【备考】 附着。《诗·大雅》:"景命有～。"

【辨析】

原来这是两个完全不同的字。

"仆"的意义极单一,即向前跌倒,其同义词是踣。成语"前仆后继"的仆,就是这个意思。常有人误将这个成语写作"前赴后继",那就完全变了味。至于向后跌倒,古人用"僵"字,它的同义词是偃。《庄子》"推而僵之",就是这个意思。《唐书·房杜传》"兴仆植僵",则"仆"、"僵"兼用,全要扶起来。

"僕",甲文作🐾,像身后拖着假尾巴,手里捧着粪箕做着贱役的人。不仅如此,人头的位置上只有一只大耳朵,强调着此人只有听话的份,而且头上还悬着"辛"(参见"辟"条),表示此人还受过黥刑——活脱一幅奴隶的写生画!这正是僕的本义。《左传》将人分为十等(王、公、大夫、士、皂、舆、隶、僚、僕、臺,据《左传·昭七年》),僕第九,臺第十,地位极低。后来的奴仆,表面上虽不至如甲文所示那么凄惨,但其社会地位之低下则一以贯之。古人自称仆,那是谦词,至于太史公自谓"牛马走"、郑板桥甘作"青藤门下走狗",更是另一回事了。另外,僕僕,是表示疲累、烦渎的样子,《孟子》"使己僕僕尔",今天常说的"风尘仆仆",都是此义。僕作姓氏,汉有僕朋,宋有僕斗;僕固,是双姓,唐有僕固怀恩。而古代的仆不作姓氏。

仆、僕音近,且义项都极单纯,辨别并不困难。

朴/樸

【释字】

朴 1. pò 匹角切,入声。

树皮。《说文》:"～,木皮也。"汉王褒《洞箫赋》:"秋蜩不食,抱～而长鸣兮。"

2. pǔ 匹角切,入声。

(1) 大。屈原《天问》:"恒秉季德,焉得乎～牛。"(2) 通"樸"。质朴。《庄子·胠箧》:"焚符破玺,而民～鄙。"

3. pū 普木切,入声。

通"扑"。击。《史记·刺客列传》:"举筑～秦皇帝,不中。"

【备考】 未晒干的鼠肉。《战国策·秦策》:"周人谓鼠未腊者～。"

樸 1. pǔ 匹角切,入声。

(1) 未加工成器的木料。《老子》:"～散则为器。"引申为未曾加工、训练过的都称"樸"。《左传·哀公十二年》:"素车～马。"(2) 本质,本性。《老子》:"见素抱～,少私寡欲。"(3) 纯朴,质朴。《吕氏春秋·上农》:"民农则～,～则易用。"

2. pú 蒲木切,入声。

丛生的树木。《诗·大雅》:"芃芃棫～,薪之槱之。""樸樕",丛生的小树。《诗·召南》:"林有～樕,野有死鹿。"

【辨析】

　　这两个字古音相同或相近,词义异同参半。

　　在本质、本性,纯朴、质朴的意义上,两字相通,且早已混用。唐景龙碑《老子》全文中的"樸"都写作"朴",凡八见。

　　此外,两字还有各自独具的意义。

　　朴的本义是树皮,即"木皮"。今天中药中还有"厚朴"、"枳朴"等药,此朴不能写成樸。朴作姓氏,读piáo,明代有朴素。樸不作姓氏。

　　"樸"的本义是未加工成器的木料,即所谓"木素",素就是质,这里指未经加工的木料。此义扩大,可指一切未经加工之物,《说文》:"磺,铜铁樸石也",实际上就指铜铁矿石。玉未琢叫做"璞",土未烧成器的半成品叫"坯(坯)",木未成器就是"樸"。樸的另读义为丛树,更与朴无关。

启/启

【释字】

启　qǐ　康礼切,上声。

　　开。后作启。《说文》:"~,开也。从户从口。"段玉裁注:"后人用启字,乃废启不行矣。"

启　qǐ　康礼切,上声。

　　(1) 开,特指开门。《左传·昭公十九年》:"~西门而出。"引申为开导。《书·太甲上》:"旁求俊彦,~迪后人。"又为开拓。《韩非子·有度》:"齐桓公并国三十,~地三千里。"

(2) 陈述,告诉。《商君书·开塞》:"非明主莫有明听也,今日愿～之以效。"(3) 文体之一种。下级给上级的书信。(4) "启处"、"启居",安居休息。《诗·小雅》:"王事靡盬,不遑～处。""王事多难,不遑～居。"

【备考】 军队的左翼。《左传·襄公二十三年》:"～,牢成御襄罢师。"

【辨析】

"启"甲文作𝌆,像以口呼人开门,甲文亦有以手代口之形;至金文之"启"多作𝌇,有口有手,更有以口呼门而主人以手开门的直观形象。后来楷书的"攵",初文与又(手)是一形。两字的意义都是开,在甲文中实为同一个字。

据段玉裁《说文》注,后人在这个意义上专用"启"字,就不再用"启"字,相当于将"启"字废置了。现在的简化,实际上是将"启"字重新启用,也是择简而从。

与启同音的有个"企"字,在使用时容易与"启"混淆。企从人从止,止古代也通"跂",就是踮起脚跟站立,既有止的意思,更有盼望之义,所以我们说"股市企稳",用企字;启有动义,所以我们说"某工程启动",用启字。

"启"也写作"啟"。

气/氣

【释字】

气 qì 去既切,去声。

云气。《说文》:"～,云～也。"段注:"～、氣古今字。"

氣　1. qì　去既切,去声。

(1) 气,气体。《列子·天瑞》:"此积～之成乎天者也。"又特指气息,即呼吸时出入之气。《论语·乡党》:"屏～似不息者。"引申为力气。《史记·周本纪》:"少焉～衰力倦。"(2) 自然界阴阳风雨等现象。《左传·昭公元年》:"天有六～。"又古人以十五日为一气。《素问·六节》:"五日谓之候,三候谓之～,六～谓之时,四时谓之岁。"(3) 气味。曹植《洛神赋》:"～若幽兰。"(4) 人的精神状态,指勇气、怒气等。《左传·庄公十年》:"夫战,勇～也。"(5) 古代哲学中指构成万物之本原。《荀子·王制》:"水火有～而无生。"又古代医学指人体生存要素之一。《吕氏春秋·尽数》:"精不流则～郁。"

2. xì　许既切,去声。

"饩"的本字。赠送别人的粮食或饲料。

【辨析】

甲文即有三字,像河床之水蒸发干涸之形,是气的初文。后来不知为什么,在气下加了"米"。有人说是以米煮饭、热气蒸腾之意,但不免有随形赋义之嫌,颇类"一大为天,二小为示"之臆说。总之,自从有了"氣"字,"气"便岌岌可危了;等到再出来个"乞"字,"气"字便彻底被废了。

段玉裁在《说文》"气"下加的注,甚有意味:"气、氣古今字。自以氣为云气字,乃又作'餼(饩)'为廪氣字矣。气本云气,引申为凡气之称……借为气假于人之气,又省作'乞'。"这里有三点值得注意:一、气是古字,氣是今字。段氏之今,便是清代。二、氣的本义是"赠送别人的粮食或饲料",还可以是送人的活牲、生肉。因其读音与气相近,所以借用为云气之气,并渐渐成了它的基本意义;这一来,其本义"赠送……"云云,又得再造一个"餼(饩)"字来表示。三、气原有"气假"的假借义,"气假"就是请求人家施予或借给,后人又将气字省去一横,简写为"乞",从此乞字又代替了气字。文字演变竟至弯弯绕绕如此,难怪钱钟书感叹:"正名慎思者尝斥语言文字鬼黠如蛇,诂训之学唯有与之委蛇耳。"(见《管锥编》)

因此,让氣字回归为气,名正言顺,且不会有任何混淆。

千/韆

【释字】

千　qiān　苍先切,平声。

　　数词。《书·牧誓》:"～夫长,百夫长。"

韆　qiān　七然切,平声。

　　"鞦韆",一种游戏器具。宋苏轼《蝶恋花》:"墙里鞦～墙外道。墙外行人,墙里佳人笑。"

【辨析】

秋千是我国古老的游戏。据说它起源于北方少数民族,是"山戎之戏"。春秋时齐桓公北伐,将它引入中原并很快普及起来。当时这种游戏就叫做"千秋",恰与宫中祝寿之词一致。后来不知为什么,又将千秋倒读为"秋千"。猜想起来,可能与"礼不下庶人"的观念有关,一项全民可以参与的玩意,连贩夫走卒也口口声声用着宫中之词,似乎为大人君子所不容。

　　而秋千之写作"鞦韆",大概已在中古之后。据《开天遗事》,唐玄宗不仅喜玩秋千,且将它称为"半仙戏",让它带上点仙(僊)气。而遷(迁)与千音近,又与僊(仙)形近。秋千系板的绳索必得极牢固,大概古人多用皮绳,而原来系在牛马股后的革带就叫做"鞦",与秋千之秋同音。于是以鞦代秋,以遷代千,再经过类化,最终成了"鞦韆"(参见"胡"条)。

　　现在的简化字,使这项运动又恢复为"秋千",完成了一次历史的轮回。在简化字与繁体字之间,去作什么"传统文化"传承作用的臧否,还真应该先研究,再开口。

乔/喬

【释字】

乔　guì　姓。《字汇补》:"古惠切,音桂,姓也。"

喬　qiáo　巨娇切,平声。

　　(1) 高。《诗·周南》:"南有～木,不可休息。"(2) 假装(后起义)。宋西湖老人《繁胜录》所列杂剧中有～谢神、～做亲、～迎酒、～教学等。(3) 无赖,狡诈(后起义)。《元曲选》杨景贤《刘行首》:"这先生好～也。"

【辨析】

　　这是音义完全不同的两个字。但"乔"古代仅作姓氏,音桂,用作喬的简化字,不会有意义上的混淆。

　　《现代汉语词典》有"贵"姓而无"乔(音桂)"姓。

秋/鞦

【释字】

秋 qiū 七由切,平声。

(1) 谷物成熟。《书·盘庚上》:"若农服田力穑,乃亦有～。"引申为四时之一,秋季。《礼记·孔子闲居》:"春～冬夏,风雨霜露,无非教也。"引申为年。《韩非子·显学》:"今巫祝之祝人曰:'使若千～万岁。'"引申为时机,时候。诸葛亮《出师表》:"此诚危急存亡之～也。"(2) 指白色。李白《诗五十九首》:"春容舍我去,～鬓已衰改。"(3) 指西方。汉张衡《东京赋》:"飞云龙于春路,屯神虎于～方。"(4) 指五音中的商音。南朝宋谢庄《月赋》:"听朔管之～引。"(5) 飞腾的样子。《汉书·礼乐志·安世房中歌》:"飞龙～,游上天。"

鞦 qiū 七由切,平声。

(1) 络于牛马股后的革带。《世说新语·政事》:"有署阁柱曰:'阁东有大牛,和峤鞦,裴楷～,王济剔嬲不得休。'"《晋书·潘岳传》作"靷"。(2) "鞦韆",见"韆"字条。

【辨析】

关于"秋千",可参阅"千"字条。

"鞦"与"韆"不同之处,是它另有本义,即络于牛马股后的革带。字从革秋声。古汉语中的"股"指大腿。

"鞦"与"秋"除了同音,词义上没有任何关系。

曲/麯

【释字】

曲　qū　丘玉切,入声。

(1) 弯曲。《荀子·劝学》:"木直中绳,其～中规。"引申为理屈。《史记·廉颇蔺相如列传》:"赵予璧而秦不予赵城,～在秦。"又为邪曲,不正派。《战国策·秦策》:"赵王之臣有韩仓者,以～合于赵王。"(2) 深隐、偏僻之处。《诗·秦风》:"在其板屋,乱我心～。"(3) 局部,一部分。《淮南子·缪称》:"察一～者,不可与言化。"亦有遍、尽义。《荀子·礼论》:"～容备物之谓道矣。"(4) 蚕薄。《说文》:"或说,～,蚕薄也。"(5) 歌曲,乐曲(此义今读 qǔ)。战国宋玉《对楚王问》:"是其～弥高,其和弥寡。"

麯　qū　丘六切,入声。

后起字。酒母。宋陆游《秋怀十首》:"更招竹林人,枕藉糟与～。"

【辨析】

"麯"字后起,不等于酒母是很晚才有的。中国人酿酒历史极久远,酒母自也早就有了,不过那时叫做"鞠"。《周礼》即有鞠衣,是一种嫩黄色的衣服。因为专司制酒母的人,长期与酵母菌接触,衣上自然染上酒母的淡黄色,所谓"鞠衣",就据这种颜色而起名的。大概原来之鞠只是借字,后来字式开始从"麥(麦)",变为"麴",是由于制酒母的原料是燕麦。

"麹"字大约出现于宋元之际,可能与其读音渐远"鞠"而近"曲"有关,但指的仍是酒母。"麹"的意义极单纯,它与"曲"的关系,就像"麵"与"面"的关系,在意义上毫不相关。

确/碻

【释字】

确 1. què 胡觉切,入声。

(1) 字亦作"埆"。土地贫瘠多石。《淮南子·人间》:"其地～石而名丑。"引申为坚硬。唐玄应《一切经音义》:"物坚鞕谓之～。"引申为确实。《后汉书·寇荣传》:"不复质～其过,置于严棘之下。"(2) 通"搉"。敲打。《世说新语·文学》:"直以麈尾柄～几。"

2. jué 吉岳切,入声。

通"角"。角胜负。《汉书·李广传》:"自负其能,数与虏～。"

碻 què 苦角切,入声。

坚固。《易·系辞》:"夫乾～然示人易矣。"引申为真确。《梁书·武帝纪》:"可申敕诸州,月一临讯,博询择善,务在～实。"

【辨析】

两字在坚确、真确、确实这类意义上同源。《说文》有"确"无"碻",其引《易·系辞》作"夫乾崅然"。段注指出:"今《易》作确。"可见确字本不从石。而宋代徐铉注《说文》"确"字,指出"今俗作確",在宋人看来,確还只是确的俗字。

此外,确还表示土地的贫瘠多石,这是它的本义。而多石必坚硬,轻易垦不动,所以又引申出死不低头的强鲠之义。鲁迅《〈越铎〉出世辞》:"其民复存大禹卓苦勤劳之风,同勾践坚确慷慨之志。"用的是"坚确"。

总之,两字读音相近,意义大同小异。

扰/擾

【释字】

扰　yòu　于救切,去声。

(1) 福。《玉篇》:"～,福也。"(2) 动。《字汇》:"～,动也。"

擾　rǎo　而沼切,上声。

(1) 搅乱。《左传·襄公四年》:"各有攸处,德用不～。"引申为侵掠(后起义)。《新唐书·秦宗权传》:"遂围陈州……～敓梁宋间。"又为受人财物饮食(晚起义)。清吴敬梓《儒林外史》:"昨日～了世兄这一席酒,我心里快活极了。"(2) 驯服,安抚。《书·皋陶谟》:"～而毅。"引申为指牲畜、家禽。《周礼·夏官》:"其畜宜六～。"郑玄注:"六～,马、牛、羊、犬、豕、鸡。"

【辨析】

"扰"古音又,虽有音义而未见用例。它的"动"义与擾的意义略通。将扰作擾的简化字,可视为借形。

洒/灑

【释字】

洒　1. sǎ　所卖切,去声。

同"灑"。洒水。《说文》:"～,古文为灑扫字。"《诗·唐风》:"子有廷内,弗～弗扫。"引申为散落。《礼记·内则》:"屑桂与姜,～诸上而盐之。"

2. xǐ　先礼切,上声。

洗涤。《左传·襄公二十一年》:"在上位者～濯其心,壹以待人。"引申为洗雪。《孟子·梁惠王上》:"寡人耻之,愿比死者一～之。"

3. xiǎn　稣典切,上声。

肃敬貌。《史记·范雎蔡泽列传》:"群臣莫不～然变色易容者。""洒洒",寒慄貌。《素问·诊要经终论》:"秋刺冬分,病不已,令人～～时寒。"

4. cuǐ　取猥切,上声。

高峻貌。《诗·邶风》:"新台有～,河水浼浼。"

5. sěn　苏很切,上声。

惊貌。《庄子·庚桑楚》:"庚桑子之始来,吾～然异之。"

灑　1. sǎ　砂下切,上声。

(1) 洒水。也作"洒"。《礼记·内则》:"～扫室堂及庭。"引申为散落。杜甫《茅屋为秋风所破歌》:"茅飞渡江～江郊。"(2) 分。汉张衡《南都赋》:"其水则开窦～流。"(3) 大瑟。《尔雅·释乐》:"大瑟谓之～。"(4) 寒。《国

语·晋语》:"而玦之以金铣者,寒之甚矣。"韦昭注:"铣犹
～。～,寒也。"(5)"灑灑",有秩序貌。宋张端义《贵耳
集》:"诵诸尊宿语录,先后次序数百言,皆～～可听。"

2. xǐ　所绮切,上声。

(1) 同"洗"。洗。汉枚乘《七发》:"～练五脏。"(2) 通
"蓰"。五倍。《史记·周本纪》:"劓辟疑赦,其罚倍～。"

【辨析】

"洒"甲文作🐚,从水🐚从西🐚,像傍晚人们结束了一天的
劳作(参见"卤"条),到水边搞搞卫生、洗洗涮涮之状。其初义
即洗涤。《说文》:"洒,涤也。"且以洒、涤互训,是很准确的解
释。"洒"表示的是普遍的、一般意义上的洗涤。因为古人根据
洗涤对象的不同,还用一系列专词来表达各种各样的洗。比如
"洗",是洗足;"澡"、"盥",是洗手;"浴"是洗身;"沬"是洗面;
"沐"是洗发;"澣"是洗衣服等等。《汉书》写刘邦"使两女子
洗",就指洗足。

后来,"洗"的意义扩大,由专指洗足扩展到一般意义的洗,就
渐渐代替了"洒(也音洗)"。相反,洒却反而多用于"洒水"之义,以
至不少人都全然不知它的本义了。不过现代学者用古文写作,偶
尔还乐用洒的本义,如钱钟书《管锥编》有"一洒被'笑'之辱耳"之
句,即用洒的"洗雪"义。

"灑"的本义是洒水。《说文》:"灑,汛也。"而又说:"汛,灑也。"
显以两字互训。段玉裁注"汛"曰:"卂,疾飞也。水之散如飞,此以
形声包会意也。……俗用为潮汛字。"可见汛的意义是"水之散如
飞",正是洒水的景象。

洒、灑在洗涤、洒水这两个意义上早就互通。作洗涤义时,洒
是本字,灑是通假字,都读为洗;作洒水义时,灑是本字,洒是通假

字,均读作 sǎ。而在这些义项上产生的引申义,也多相通。至于两字独具的各义项,只要阅读时加以留意即可。

用洒作灑的简化字,不会有大混淆。

舍/捨

【释字】

舍 1. shè　始夜切,去声。

(1) 客舍。《庄子·说剑》:"夫子休,就～待命。"泛指止息之处。《鬼谷子·本经阴府》:"静固志意,神归其～。"
(2) (外出)留宿。《墨子·非攻中》:"至夫差之身,北而攻齐,～于汶上。"(3) 保留。《墨子·节葬下》:"无敢～余力,隐谋遗利。"(4) 止息。《论语·子罕》:"逝者如斯夫,不～昼夜。"(5) 古时军队住宿一夜。《左传·庄公三年》:"凡师,一宿为～,再宿为信,过信为次。"(6) 古时军行三十里为一舍。《左传·僖公二十三年》:"晋楚治兵,遇于中原,其辟(避)君三～。"

2. shě　书冶切,上声。

也作"捨"。(1) 放弃,放出。《易·贲》:"～车而徒。"《诗·小雅》:"不失其驰,～矢如破。"(2) 离开。《孟子·公孙丑下》:"当今之世,～我其谁也。"(3) 赐予。《左传·宣公十二年》:"旅有施～。"

3. shì　施只切,入声。

通"释"。放置,消除。《列子·天瑞》:"其人～然大喜。"

捨 shě　书冶切,上声。

(1) 释手,放弃。《说文》:"～,释也。"《三国志·魏书·明帝纪》注引《魏略》:"马不～鞍,士不释甲。"字本作"舍"。(2) 施舍。《梁书·到溉传》:"便～为寺。"

【辨析】

"舍"的本义是客舍,是供来客、过客居留的处所,此义自然涵蕴了居、留、止、息的意味。

更有意味的是,古人还从事物的另一面来诠释"舍"的意义:即居是对"变"的放弃,留是对"去"的放弃,止是对"行"的放弃,息是对"动"的放弃。好比我们说"汽车停了",也就是说"汽车不动了",停就是对运动的放弃。所以自然而然地,便从"舍"的本义中引申出"放弃"(施舍也是一种放弃)的意义来。

段玉裁注《说文》"舍"字,说得很精辟:"凡止于是曰舍,止而不为亦曰舍,其义异而同也。《论语》:'不舍昼夜',即是不停止于一昼一夜,以今俗音读之,上去无二理也。古音不分上去,舍捨二字义相同。"这里说了两层意思。其一,"舍"可从两方面去理解,停下来止住是一个方面,而放弃某种状态(即"不为",比如不再赶路)是另一个方面。这两个方面是对立的统一,就是"异而同也"。其二,"不舍昼夜"里的舍,作停止解,读去声 shè;作放弃解(字也作捨),读上声 shě;两者表达的意义是一样的("无二理")。段氏以读上声的舍(捨)为"今俗音",更指出舍的古音不分上、去,只读去声;而且舍、捨两字在这里的意义相同。

"捨"的意义全在放弃,可见它只抉取了"舍"义的一个方面,也可见它只是"舍"的一个分别字。

所以,以舍取代捨,名正而义顺。

沈/潘

【释字】

沈 1. chén 直深切，平声。

也作"沉"。(1) 没于水中。《诗·小雅》："汎汎杨舟，载～载浮。"引申为灭。汉刘向《新序》："然则荆轲之～七族，要离燔妻子，岂足为大王道哉！"(2) 溺于所好。《书·胤征》："～乱于酒，畔官离次。"(3) 潜伏。《国语·周语下》："气不～滞，而亦不散越。"(4) 深。三国曹植《杂诗》："去去莫复道，～忧令人老。"(5) 沉沦。晋左思《论史》："世胄蹑高位，英俊～下僚。"(6) 重(晚起义)。《红楼梦》四十四回："那刘姥姥入了座，拿起箸来，～甸甸的不伏手。"

2. shěn 式荏切，上声。

(1) 通"潘"。汁。《礼记·檀弓下》："为榆～，故设拨。"
(2) 春秋时国名。(3) 姓。

3. tán 徒南切，平声。

"沈沈"，宫室深邃貌。《史记·陈涉世家》："客曰：'夥颐！涉之为王～～者！'"

潘 shěn 昌枕切，上声。

(1) 汁。《左传·哀公三年》："无备而官办者，犹拾～也。"杜预注："～，汁也。"(2) 水名。在今沈阳附近。

【辨析】

"沈"甲文作，像牛沉于水之形。古沈、沉同一字。沈的本义即沉没于水中,读为沉 chén。它的诸多引申义,也由此而来。沈的另读 shěn,作姓氏,作国名,并在表示"汁"的意义上与瀋相通。实际上,表示肉汁,沈与瀋都是"胧"的通假字。《说文》:"胧,肉汁滓也。"

瀋的本义为汁。我国的城市瀋阳,因古时城南有瀋河(又名活水)而得名。古人将山南、水北称为阳,山北、水南称为阴。不少依山傍水的城市都依此命名,如山阴、淮阳、嵩阳、河阴等等,不胜枚举,是个很有趣的现象。

应当注意的是,作为地名的"瀋"简化为沈,瀋阳简化为沈阳。而意义为汁的"瀋"字,则简化为"渖",那是依其声旁的"審"简化为"审"而衍生出来的简化字。这个意义的渖字,一般只在对古文作简化时应用,在现代文本中几乎用不着。因此,瀋的简化字有两个:沈和渖。这个处理办法《总表》未提及,是根据《现代汉语词典》所列的"渖(瀋)"条推断出来的。

圣/聖

【释字】

圣 1. kū 苦骨切,入声。

古代方言,义同"掘"。《说文》:"汝颍之间,谓致力于地曰～。"清施补华《别弟文》:"吾负母而逃,～野菜充饥。"

2. shèng

同"聖"。《古今杂剧》、《白袍记》、《东窗记》、《金瓶梅》等皆作"圣"。

聖 shèng　式正切,去声。

(1) 通达事理。《说文》:"～,通也。"《书·大禹谟》:"乃～乃神,乃武乃文。"(2) 具有超人的学问或技艺。《抱朴子·内篇》:"世人以人所尤长,众所不及者,便谓之～。"(3) 具有最高智慧和道德的。《老子》:"绝～弃智,民利百倍。"(4) 对帝王的尊称。《史记·秦始皇本纪》:"大～作治,建定法度,显著纲纪。"

【辨析】

"圣"作为秦汉时河南一带的方言,音哭,义为掘。后人偶尔也会用古方言入诗文,如清人云"圣野菜"(见释字),恰如书房中置一古董,平添高雅,但一般人是看不懂的。

大约中古以后,圣就作为聖的俗字应用了,而且出现在大量的文学作品中。不过这些作品多为剧本、小说,是当时正人君子眼中的下里巴人,为《四库全书》所不屑,卑俗得很。但事既成俗,从之者必众,大势所趋,是谁也挡不住的。

"聖"的初义颇有意味。甲文与金文的聖字作 🜚 或 🜚 之形,人的头上一只大大的耳朵代替了脑袋,突出了耳的功用;人旁有口,口有言咏,使耳有了感知的对象。总之,耳朵具有敏锐的听闻功能,就是聖。聲(声)、聽(听)、聖三字同源,原先本是一个字,后世分化后其形、音、义才有了分别,但典籍中这三个字仍常通用。甲文会意之"聖",既言其听觉功能之出众,又言其听后效果之明确,所以其引申义训通,训明,训贤,乃至以精通者为聖(见徐中舒《甲骨文字典》)。"聖"突出的是耳朵,还有个"叡"字,突出的是眼睛。《说文》:"叡,深明也",是眼睛特好使,目力特深远。在古人的观念里,叡就是"圣也"(《周书》谥法解),圣就是"叡也"(《诗·邶风》毛传),两字可以互训。从中可以看出,初民是纯朴质直的,对于类似"人的正确思想是从哪里来的"这样的问题,他们的回答是以主观去感知客观。

"聖"的神圣光环,是后人一层层地累加上去的,直至让人目眩神迷,不敢逼视。这样,离它的本义自也愈行愈远了。

总之,圣作为聖的俗字,早已在广泛使用。

胜/勝

【释字】

胜　1. xīng　桑经切,平声。

腥。《说文》:"～,犬膏臭也。"宋罗泌《路史》:"乃教民取火,以灼以焫,以熟腺～。"

2. qìng　七正切,去声。

"胜遇",鸟名。《山海经·西山经》:"有鸟焉,其状如翟而赤,名曰～遇。"

3. shěng　所景切,上声。

通"省"。瘦。《管子·入国》:"必知其食饮饥寒,身之腊～而哀怜之,此之谓恤孤。"

勝　1. shēng　识蒸切,平声。

(1) 力能担任,经得起。《韩非子·扬权》:"枝大本小,将不～春风。"(2) 副词。尽。《孟子·梁惠王上》:"不违农时,谷不可～食也。"

2. shèng　诗证切,去声。

(1) 打胜仗。《孙子·谋攻》:"上下同欲者～。"引申为制服。《国语·晋语四》:"尊明～患,智也。"(2) 胜过(后起义)。杜甫《北征》:"平生所娇儿,颜色白～雪。"(3) 事物

优越美好的叫胜。地方优美的叫胜。唐王勃《滕王阁
序》:"～地不常,盛宴难再。"(4) 妇女首饰。《山海经·西
山经》:"(西王母)披发戴～。"

【辨析】

在古代,这是完全不同的两个字。

"胜"即"腥",音义均与腥同。后来专用腥字而胜字反渐式微。
胜的其他音义,或作专名,或属通假,与本义无关。《说文》胜在
肉部。

"勝"的本义是担任得起,经得起,用这个意义时读平声。引申
为打胜、胜过、名胜等意义时读去声。段注《说文》"勝"字时说:"凡
能举之能克之皆曰勝,本无二音二义,而俗强分平去。"虽说二音二
义是俗人所强分,但语言文字是发展变化的,事到如今,大家也都
从俗了,谁要再去坚持一音一义,反会招来讥评。

《说文》"勝"在力部,从力朕声。按"朕"篆文从舟,隶定时讹为
从月。除了勝以外,还有腾、滕、縢、騰等一批字,本都以朕为声,本
从舟而讹为从月。旧时从舟之字写作月中两画作两点,从月则中
间两画右不相连,从肉则月中两画左右皆相连(见《康熙字典·辨
异》),但现在三者都写作月,已经不分了;所以,原来的胜与勝不属
于同一部首。

适/適

【释字】

适　kuò　苦栝切,入声。

疾速。《玉篇》："～,疾也。"多用于人名。《论语·宪问》："夫子不答。南宫～出。"唐有李～(德宗),宋有洪～。

適 1. shì 施只切,入声。

(1) 往,到……去。《诗·魏风》："逝将去女,～彼乐土。"引申为归向,指向。《左传·昭公十五年》："好恶不愆,民知所～,事无不济。"(2) 女子出嫁。《世说新语》："袁彦道有二妹,一～殷渊源,一～谢仁祖。"(3) 适合,适宜。《商君书·画策》："神农非高于黄帝也,然其名尊者,以～于时也。"引申为满足,即使适合。《汉书·贾山传》："秦王贪狼暴虐,残贼天下,穷困万民,以～其欲也。"(4) 舒适,闲适。唐李商隐《登乐游原》："向晚意不～,驱车登古原。"(5) 副词。恰巧,正好。《战国策·赵策》："此时鲁仲连～游赵。"又为刚好,适才。《韩非子·内储说下》："荆～有谋,侏儒常先闻之以告惠文君。"(6) 通"啻"(chì)。副词。只,仅仅。《孟子·告子上》："饮食之人无有失也,则口腹岂～为尺寸之肤哉?"

【备考】 尚有调节、节制;善、美好;齐等、使匀;辟领等义。

2. dí 都历切,入声。

(1) 专主,作主。《韩非子·心度》："故贤君之治国也,～于不乱之术。"(2) 通"嫡",与"庶"相对。《左传·文公十八年》："仲为不道,杀～立庶。"(3) 厚,重,亲近。《论语·里仁》："君子之于天下也,无～也,无莫也,义之与比。"(4) 通"的"(后起用法)。目标,对象。《后汉书·何敞传》："奉宪之吏,莫～讨捕……"又"適適",分明,清楚貌。晋干宝《搜神记》："此何太～～?"

3. dí　亭历切，入声。

通"敌"。匹敌，相当。汉董仲舒《春秋繁露》："不得～天子之贵。"又为仇敌。银雀山汉简《孙子兵法》："～不得与我战者，膠其所之也。"又为抵挡。《史记·李斯列传》："群臣百官皆畔，不～。"

4. zhé　陟革切，入声。

通"谪"。谴责，惩罚。《诗·商颂》："岁事来辟，勿予祸～。"又指天象变异，天罚。《礼记·昏义》："是故男教不修，阳事不得，～见于天，日为之食。"

5. tì　他历切，入声。

通"惕"。"适适"，惊恐貌。《庄子·秋水》："埳井之蛙闻之，～～然惊……"

【辨析】

古代这是完全不同的两个字。

"适"音括，意义是速度快。但在这个意义上，典籍用例鲜见；倒是"适"用于人名却时有所见。

《总表》在"适"下加注："古人南宫适、洪适的适（古字罕用）读kuò(括)。此适字本作适，为了避免混淆，可恢复本字。"但是真要实行，也不容易。即使《现代汉语词典》所附的历史年表，唐德宗的名字仍作"李适"，幸好还在"适"下注了音；更难堪的是，绝大部分电脑词库都没有适字，即使搜索《总表》，想找此注中的所谓本字，还是空格为多，让人即便想用，也用不了。看来，"可恢复"最终还是没人理会。但不实行，确也容易读错字，甚至有专家在电视上将唐德宗的大名，读作舒适之适的。

楷书之昏字，古滑切，音括。段玉裁说："凡昏声字，隶变为舌，如括、刮之类。"《总表》注中"本字"的由来，就在于此。但正如清人薛传均所说:"古文作舌,与昏相混;隶书作舌,与舌相混……凡从昏从舌之字,今多不分。"可见前人早就觉得有点难处理了。

好在读本音用本义的"适"字毕竟罕用,今人搞混淆的几率极小。现在用它作适的简化字,承接了适的全部音义,反为人们所熟悉。即使在人名上读错字,也于事理无伤。只是苦了少数专业人士,比如在现在的书中见到古人叫"叶适",焉知此人名适还是名適?

适字有五种读音,看似眼花缭乱,其实明眼人很容易发现,其中的四种,都是从适所从之"商"音生发出来的,它们的意义多是同音通假之义。现在简化为适,从字式上已经看不出这种关联了。

术/術

【释字】

术　1. zhú　直律切,入声。

药草名。《尔雅》:"~,山蓟。"

2. shú　食聿切,入声。

通"秫",粘谷子。《说文》:"秫,稷之粘者,或省禾。"

術　1. shù　食聿切,入声。

(1) 邑中道路。《墨子·旗帜》:"巷~周道者必为之门。"
(2) 途径,方法。《礼记·祭统》:"惠~也,可以观政矣。"特指君主控制、使用群臣的手段、策略。《韩非子·定法》:"君无~则弊于上。"(3) 技艺。《韩非子·喻老》:"子之教我御,~未尽也。"又用作动词。学习。《礼记·学记》:"蛾子时~之。"(4) 思想,学说。《史记·外戚世家》:

"帝及太子诸窦不得不读《黄帝》、《老子》,尊其~。"(5) 通
"述"。叙说,陈述。《墨子·非命下》:"穷人所~,非仁者
之言也。"

2. suì 徐醉切,去声。

(1) 通"遂"。周代的行政区划。《管子·度地》:"百家为
里,里十为~。"(2) 通"遂"。沟渠。《礼记·月令》:"审端
径~,善相丘陵。"(3) "術術",通"遂遂"。兴盛貌。

【备考】 通"杀"。差别,等级。

【辨析】

在古代,这是完全不同的两个字。

"术"音竹,是药草名。今天中药还有苍术、白术等味。岳飞抗
金的对手"兀术"之术,即读竹音。术通"秫"时,音义都从秫。术字
在古代写作"朮",并不从木,今天已经没有这种区别了。

"術"音树,从行(参见"衝"条),指的是城镇中的道路。它的
引申义,如途径、方法、技艺、思想等,都直接或间接与此相关。

术的义项较单纯,与術音近(術本从行术声),以术作術的简化
字,不致有大混淆,但也不能用简单的反推。

松/鬆

【释字】

松 sōng 详容切,平声。

树名。《论语·子罕》:"岁寒,然后知~柏之后凋也。"

【备考】 通"从"。随从。《墨子·号令》:"随而行,~上不

随下。"

鬆　sōng　私崇切,平声。

(1) 发乱貌。唐陆龟蒙《自怜赋》:"首蓬～以半散,支棘瘠而枯疏。"(2) 物品疏松,松散。宋陆游《春晚出游》:"土～香草出瑶簪。"

【辨析】

两字音近,但义不同。

松从木,专指松树。中国人推重松的品格,数千年来松字的使用率极高。如《论语》便有"岁寒然后知松柏之后凋"的赞叹;而古礼规定"天子树松,诸侯柏,大夫栾(楝树),士槐,庶民杨",种松树几乎成了天子的专利。

鬆从髟松声。从髟的字,大多与毛发相关(参见"胡"条),它的本义是头发蓬乱,古人蓄发挽髻,发蓬乱则松则散,故引申为疏松、松散。

两字的义项都极单纯,但偏偏有人硬将"落叶松"反推为"落葉鬆",打在《北国之春》的卡拉 OK 字幕上,真像在有意搞笑。

台/臺、檯、颱

【释字】

台　1. yí　与之切,平声。

(1) 我。《书·汤誓》:"非～小子敢行称乱。"(2) 通"怡"。悦。《史记·太史公自序》:"唐尧逊位,虞舜不～。"

2. tái　土来切,平声。

(1) 星名。上台,中台,下台,共六星。(2) 通"鮐"。驼
背。《诗·大雅》:"黄耇～背,以引以翼。"

臺 tái　徒哀切,平声。

(1) 高而上平的建筑物。汉司马相如《子虚赋》:"于是楚王
乃登云阳之～。"(2) 像台状的器物。唐韩偓《席上有赠》:"莫
道风流无宋玉,好将心力事妆～。"(3) 古官署名。《新唐
书·百官志》:"其官司之别,曰省,曰～……"(4) 古代贱职
之称。《左传·昭公七年》:"王臣公,公臣大夫……僚臣仆,
仆臣～。"(5) 草名。也作"苔"。《诗·小雅》:"南山有～,北
山有莱。"

檯 tái　徒哀切,平声。

(1) 木名。《玉篇》:"～,木名。"(2) 桌类。如写字台,工作
台。明文秉《烈皇小识》:"一日,上御讲筵,足加于～楞上,意
有惰容。"

颱 tái

晚起字。台风。气象学上指热带气旋,是一种极猛烈的风
暴。清俞正燮《癸巳类稿》:"山有识～草,一节则一年一～
讯,无节则其年无～。～,大具风也。"

【辨析】

　"台"的一读音移,是先秦的第一人称"我"。《尔雅》:"卬、吾、
台、予、朕、身、甫、余、言,我也。"当时的第一人称竟有这么一长串。
作为人称代词的"台"后来虽少用了,但它的这一读音"移",仍在很
多以其为声旁的字中保留了下来,如怡、诒、贻、饴、眙、给、枱等等。
《说文》无怡字,怡悦就写作"台说"。

　"台"的另读,已与"臺"音相近(古音平声不分阴阳),那是天上

一组恒星的专称,即三台。唐司马贞在《史记·天官书》索引中说:"魁下六星,两两相比,曰三台。"这三台对应着"天子之三阶:上阶,上星为男主,下星为女主;中阶,上星为诸侯三公,下星为卿大夫;下阶,上星为士,下星为庶人"。完全是一幅封建等级社会的全景图。应注意的是,在这里台已与阶相对应,台也渐具等级、台阶的意义。关于三台的解释还有不少,但都不脱天人感应、天上星对应地上人之范畴。也有不少以这一读音的台(tái)为声旁的字,如邰、骀、鲐、胎、抬、苔、跆等等。

"臺"的本义是高而上平的建筑物。《老子》:"九层之臺起于累土。"九是阳数之极,说明此臺可以造得很高,且可以是多层,而老子时代,两层的楼房都尚未出现(据王力说),足见当时臺的鹤立鸡群。建臺的材料是土,一层层地夯筑而成,要登臺,必由臺阶,即所谓"历阶而登"。不过臺是实心货,只可登而不可入。后来也有在臺上建殿屋的,而臺也有以砖石砌筑的。由于中国古建筑多为土木结构,所以稍上档次的房屋都建于臺基之上,以免水浸。所谓登堂入室,就是进屋必得先登若干臺阶。至于统治中心的帝王之居,那臺基自必是最高规格的,汉唐都将中央的官署称为臺,高高在上,令人仰视。与此形成强烈反差的是,在老子的时代,臺还是贱职的名称,地位竟在仆之下(参见"仆"字条)。

台的二读与臺音近,且台有阶义,登臺必由阶,两者有着微妙的联系。以台作臺的简化字,也较合理。台湾尚未推行简化字,但每见岛内"臺湾"与"台湾"混用,大家也接受。

"檯"从木臺声,字虽早见于南北朝,但它只是树木之名。至《康熙字典》释义仍从《玉篇》,不收桌类之义。可见檯用来表示桌类,本是借字,且极晚起,与桌字的演变类似(参见"几"字条)。既然臺在这里仅作表音,则简为台也无不可。应当注意:檯并不简化为"枱"。枱本音移,义为"耒端木",是一种古代农具"耒"上端的木柄;但近代"俗称几案之案曰枱,亦作檯"。这一解释见于初版《辞源》。大约清末民初,枱、檯本是一字,但《辞源》并未为"枱"另注读音,难不成仍作"逸尼切",读"移"音?现在既已明确"檯"简化为"台",则近代表示桌子意义的"枱"要么弃之不用,要用,也当写作"台"字。

"颱"字也极晚起,清人俞正燮是道光进士,其《癸巳类稿》用颱字,已在鸦片战争前后了。显然,颱从风台声,义项单一,完全可以简为台。

应当注意的是台的两种读音。以台来表音的字,有的从其一读移,有的从其二读 tái,且不易判断,所以不能简单地"读半边"。

叹/嘆

【释字】

叹　1. yǐ 《龙龛手鉴》:"～,音以。"

　　2. yòu 《龙龛手鉴》:"～,《川韵》作又字。"同"又"。

嘆　tàn 他旦切,去声。

　　(1) 感叹。《诗·王风》:"有女仳离,嘅其～矣。"(2) 赞叹。汉孔融《论盛孝章书》:"九牧之人所共称～。"

　　【按】《说文》有嘆、歎二字。嘆下云:"吞嘆也,从口,歎省声。一曰太息也。"歎下云:"吟也。"

【辨析】

　　"叹"出《龙龛》,亦当是释家语,不见典籍用例。用作简化字,视同借形。

体/體

【释字】

体 1. bèn　蒲本切,上声。

(1) 同"笨",粗劣(后起义)。《广韵》:"～,粗貌。又劣也。"清毛奇龄《越语肯綮录》:"(体)即粗疏、庸劣之称,今方言粗～、呆～,俱是也。"(2) "体夫",抬运灵柩的人伕。《通鉴》:"赐酒百斛,饼馓四十橐驼,以饲～夫。"

2. cuì　千内反,去声。

狱名。《龙龛手鉴》:"～,狱名。"

體 tǐ　他礼切,上声。

(1) 肢体,身体的一部分。《论语·微子》:"四～不勤,五谷不分。"又泛指身体。《庄子·秋水》:"此其比万物也,不似毫末之在于马～乎?"又引申为亲身。《后汉书·班固传》:"～行德本,正性也。"(2) 事物的本体、实体。南朝梁范缜《神灭论》:"名殊而～一也。"(3) 卦体,占卜的卦兆。《诗·卫风》:"尔卜尔筮,～无咎言。"(4) 文章或书法的体裁或风格。南朝梁刘勰《文心雕龙》:"扬雄讽味,亦言～同诗雅。"(5) 领悟,体现。《庄子·刻意》:"能～纯素,谓之真人。"(6) 依照、效法。《管子·君臣》:"则君～法而立矣。"(7) 亲近,连接。《礼记·学记》:"就贤～运,足以动众。"(8) 实行,实践。《荀子·修身》:"笃志而～,君子也。"(9) 体谅。设身处地为他人着想。《礼记·中庸》:"敬大臣也,～群臣也。"

【辨析】

在古代,这是完全不同的两个字。

"体"音笨,实际上就是笨的别体字。笨字本后起,笨伯、笨人、粗笨之称,多见于魏晋文章,而"体"字更后起。司马光用"体夫"而不用"笨夫",大概用了少见的"体"字,多少可以掩饰一点鄙夷的语气,使文章显得高雅吧。至于《龙龛》所载之"体",不必去深究。

体作为笨的别体,极少应用,一般都用本字。所以体作为體的简化字,吸收了體的全部音义,可视同借形。

六朝碑刻早有以体作體的俗字之用法,虽为隋唐以后版印典籍所不取,但毕竟开了体字用作體的简化字的先河(参见姜亮夫《古文字学》)。

听/聽

【释字】

听　yǐn　牛谨切,上声。

　　"听然",笑的样子。汉司马相如《子虚赋》:"亡是公～然而笑曰:'楚则失矣,而齐亦未为得也。'"

聽　tīng　他丁切,平声。

　　(1) 用耳去接受声音。《礼记·檀弓下》:"夫子式而～之。"引申为听从,接受。(2) 允许,同意。《吕氏春秋·知士》:"强辞,三日而～。"引申为听凭,听任。《汉书·薛宣传》:"卖买～任富吏。"(3) 治理。《左传·昭公元年》:"朝以～政,昼以访问。"特指处理诉讼。《论语·颜渊》："～讼,吾犹人也,必也使无讼乎!"

【辨析】

这两个字的古音义完全不同。

"听"音引,是笑的样子。虽然其用例后人多仅引《子虚赋》,但因其作者司马相如本为文坛巨匠,再加上司马迁在《史记》中全文引录该赋,又得到史家之祖的赞誉,这种用法未必不成后世之滥觞。

"聽"在甲文中与聲、聖本为一字(参见"圣"条)。后来它的意义集中于"用耳朵去接受声音",并在此基础上产生了一系列引申义。

听的古音义较罕见,但读古文时心中应"立此存照"。

涂/塗

【释字】

涂　1. tú　同都切,平声。

(1) 水名。在今四川境内。(2) 道路。后写作"塗"、"途"。《荀子·儒效》："乡也混然～之人也,俄而并乎尧舜,岂不贱而贵矣哉?"(3) 十二月称涂。《尔雅·释天》："十二月为～。"

2. chú　直鱼切,平声。

(1) 水名。即今滁河。(2) 通"除"。扫除。《荀子·礼论》："卜筮视日,斋戒修～。"

塗 1. tú 同都切,平声。

(1) 泥。《庄子·秋水》:"宁其生而曳尾于~中乎。"引申为污染。《庄子·让王》:"其并乎周以~吾身也,不如避之以洁吾行。"(2) 粉刷,以颜色、油漆涂在房屋、器物表面。《谷梁传·襄公二十四年》:"台榭不~。"(3) 道路。《论语·阳货》:"孔子时其亡也而往拜之,遇诸~。"此义亦写作"涂"、"途"。(4) 用笔抹去(后起义)。唐李商隐《韩碑》:"点窜尧典舜典字,~改清庙生民诗。"

2. dù 徒故切,去声。

镀。《汉书·外戚传》:"切皆铜沓,黄金~。"

【辨析】

两字同音,义亦大同小异。

"涂"从水,原本从水的字,多少与水或河流等水体有关。但涂在先秦还有道路之义,当时尚无"途"字。

"塗"从土涂声,其本义就是泥、烂泥。引申为涂抹,用的是泥浆或其他糊状物。

表示道路,古汉语涂、塗、途三字通用,到现代只用途来表示了;古汉语的"泥塗",实际上就是泥,所以只用塗;而表示涂抹,古代用涂、塗皆可,因为有土有水,方可为浆,即使用油漆颜料,也是浆状之物。

段玉裁指出,涂、塗是"古今字",即先有涂,后有塗,实际上可以看作同一个字。王力称现在涂、塗已经"并为一字"。称"并",说明两字在意义上大体相容。既相并,当然要取书写简便的那个。

团/團

【释字】

团 qiú 《龙龛手鉴》："～,俗,音囚。"义缺。

團 tuán 度官切,平声。

(1) 圆。南朝梁吴均《八公山赋》："桂皎月而常～,云望空而自布。"(2) 聚集,聚合。唐张说《东都酺宴》："争驰群鸟散,斗伎百花～。"(3) 军队编制单位。《隋书·礼仪志》："又步卒八十队,分为四～。"

【辨析】

"团"出《龙龛》,有音无义,以它作團的简化字,完全是借形。

洼/窐

【释字】

洼 1. wā 于佳切,平声。

(1) 深池。《庄子·齐物论》："大木百围之窍穴……似～者,似污者。"引申为低陷貌。北魏贾思勰《齐民要术》："胁肋欲大而～……"(2) 水名。"渥洼",在今甘肃,传说出神马。

2. guī 古携切,平声。

姓。后汉有大鸿胪～丹。

洼 wā　乌瓜切，平声。

低洼积水之处。《老子》："～则盈，敝则新。"引申为凹下。宋苏轼《张近几仲有龙尾子石砚以铜剑易之》："我家铜剑如赤蛇，君家石砚苍璧椭而～。"

【辨析】

两字音义均大同小异。

《说文》释洼为"深池也"。只是比我们想象中的洼地要深些，庄子用它来比喻巨木的树洞。由此引申为低陷，也是自然之理。

窐是低洼积水之地，本质上与洼一样，只是程度略异。《说文》释窐为"清水也"，大约积水已久，水质澄清了，但这也似乎非常态，又无典籍之用例，故王力不取此义。窐字所从之"窐"，意义就是空穴，其中有水，便是窐了。

洼作姓氏(音归)和水名的用法，窐不具备。

袜/韈

【释字】

袜 1. mò　莫拨切，入声。

(1) 袜肚，俗称兜肚。《玉台新咏》刘缓《敬西州刘长史咏名士悦倾城》："钗长逐鬓发，～小称腰身。"(2) 掩盖，遮蔽。《北齐书·皇甫玉传》："故以帛巾～其眼，而使历摸诸人。"

2. wà　勿发切，入声。

"韈"的异体字。袜子。《玉篇》："～，脚衣。"

襪　wà　望发切,入声。

袜子。汉张衡《南都赋》:"修袖缭绕而满庭,罗～蹀躞而容
与。"用作动词,指穿袜子。清魏禧《大铁椎传》:"客初至时,
不冠不～。"

【辨析】

这两个字不见于先秦典籍,也不见于《说文》。

袜的一读音莫,指的是抹肚,也即肚兜。因其有掩肚的功效,
故引申出掩盖、遮蔽之义。它的二读 wà,就是襪音,义也从襪。但
襪专指"脚衣",不作它用。上古的"脚"包括小腿(胫)和"足",那时
的足,才是以后所指小腿之下的脚。中古以后,脚的词义范围缩
小,才不再包括小腿,与现在的意义一致了。所以,《玉篇》所指的
"脚衣",即穿在脚上的袜子。

古人席地而坐,登堂入室,一般都要脱鞋,夏日尚可,要是寒冬
腊月,上古之人难道就光脚受冻? 不会,原来他们脚上有"韤"。《说
文》收韤字,释为"足衣也",实际上与《玉篇》的"脚衣"是一回事。只
是韤从韋蔑声,而襪从衣蔑声,可以推知两者的区别仅在材质而已。
韋,就是熟皮(生皮叫革。韋部往往可与革部相通,比如韤与鞢、靺
与鞈,都是同一个字),可见上古有身份的人穿的是皮袜,而一般下
层人民大抵只能光脚。而且上古贵族受君主之召而入席(古人席地
而坐,参见"几"条),还必须脱袜。一次卫君设宴,"褚师声子袜而登
席",就差点被卫君杀掉(见《左传·哀公二十五年》)。这是"见君不
袜"的古礼。《说文》在"韤"之外另收"褐"字,那是一种"编枲韤"。
枲就是麻。据段注"取未绩之麻编为足衣,如今草鞵之类"。草鞵即
草鞋。所以至少汉代还有一种"褐",实在是一种粗麻编成的类似草
鞋的东西,这大概才是穷人的"袜"(褐也表示粗布衣)。后来制袜的

材料由革变成了布,韈字也变成了从衣的襪。由于棉花是很晚才传入中国的,所以中古以前的布,多为麻布或葛布,那时的袜,自然大多是麻布袜或葛布袜。因此,能够穿上丝织的"罗袜",是少有的奢侈,难怪张衡津津乐道。五代的马缟说"罗袜"是三国魏文帝曹丕首制,恐怕不确,因为东汉的张衡早已在为罗袜唱赞歌了。

总之,以袜代韈,既简化了书写,又不失古义,很正确。

万/萬

【释字】

万　1. wàn　无贩切,去声。同"萬"。古书中罕见。

2. mò　莫北切,入声。

"万俟",复姓(俟音其)。宋有万俟卨。

萬　wàn　无贩切,去声。

(1) 虫名。(2) 数词。千的十倍。《诗·小雅》:"乃求千斯仓,乃求～斯箱。"(3) 极言其多。《史记·礼书》:"人道经纬～端。"又极言其甚,绝对。《韩非子·解老》:"事必～全。"(4) 古代一种大型舞蹈。《左传·隐公五年》:"九月,考仲子之宫,将～焉。"(5) 姓。孟子门人有～章。

【辨析】

"万"同于萬,见于南北朝的《玉篇》。其实,六朝碑刻中万已作为萬的俗字在使用,只是隋唐以后的版印书籍将其排斥殆尽罢了。更令人吃惊的是,金文中居然也出现了萬的异体 **⅂** 字。虽然万字在版印古书中罕见,但千余年前、甚至两千多年前的这一用法,却是客观的存在。应当注意的是万的另读 mò(莫),用于少数民族的汉姓"万俟",它就是个鲜卑姓。历代少数民族用汉姓,多据其本姓的发音,挑选一个或几个汉字来表达。

"萬"字作虫名,与其字源有关。甲文萬字作🦂,像蝎子之形,不仅是虫,还很可怕。后来有了蠆(虿)字专表毒虫,但也还保留了萬字这一元素,代表着原始的记忆。同样,表示恶鬼的厲(厉),也有这种意味。萬作为数词并表示多的意义,一直沿用至今。萬也作姓,那是个古老的汉姓,自然读本音。

网/網

【释字】

网　wǎng　文两切,上声。

"網"的初文。《说文》:"～,庖牺所结绳以渔。"

網　wǎng　文两切,上声。

(1) 捕鱼虾、鸟兽的器具。《诗·邶风》:"鱼～之设,鸿则离之。"用为动词,指以网捕捉。唐李肇《唐国史补》:"见数百人喧集水滨,乃渔者～得大鼋。"(2) 喻指如网那样的系统。《老子》:"天～恢恢,疏而不漏。"(3) 搜罗。《汉书·王莽传》:"～罗天下异能之士。"

【辨析】

网是先民极重要的捕猎工具。甲文"网"作🕸或🕸,摹写甚鲜活。《说文》:"网,庖牺氏所结绳以田以渔也。从冂,下像网交文。"(从段注本,这里的"田"指打猎)从形到义都说得很明白。只是许书又接着说:"网或加亡……或从糸。"这一来,加"亡"变成隶书的"罔",再加"糸"就成为"網"字了。就"网"字而言,这种层层增繁,实在是多事。不过优游书斋的文人不怕繁,繁到让捕鱼打猎的人不认得,反显得自家学问大。

先秦典籍多见"罔"字,除用作表否定的"无"、"不",用作"诬罔"等义外,也通"网"字。

甲文的网字,明显是象形,隶定为"网",也还不失本色。这是"六书"的第一法,再符合"传统"不过了。所以,以网作網的简化字,天经地义。

应当注意的是,甲文网字的另一种隶式"冈",音义都同网。今天的"冈"被用作"岡"的简化字,表示山冈的冈了。

系/係、繫

【释字】

系 xì　胡计切,去声。

(1) 连接。《后汉书·班彪传》:"～唐统,接汉绪。"(2) 世系。前后相承的关系。《新唐书·文艺传》:"李贺字长吉,～出郑王后。"(3) 词赋末尾贯通全文的言词。汉张衡《思玄赋》:"～曰:'天长地久岁不留,俟河之清只怀忧。'"(4) 用单股丝合成的丝绳。《续汉书·舆服志》:"凡先合单纺为一～。"(5) 悬。三国曹植《辅臣论》:"群言～于口。"

係 xì　胡计切,去声。

束缚,捆绑。《孟子·梁惠王下》:"～累其子弟。"引申为系属。《易·随》:"六二,～小子,失丈夫。"

繫 1. xì　胡计切,去声。

(1) 连接,联结。《逸周书·作洛》:"南～于洛水。"(2) 悬挂。《论语·阳货》:"吾岂匏瓜也哉,焉能～而不食。"(3) 拘囚。《汉书·江充传》:"收～其父兄。"(4) 拘束,羁绊。汉贾谊《鹏鸟赋》:"愚士～俗兮,窘若囚拘。"(5) 带子,绳子。《韩非子·外储说左下》:"韈～解,因自结。"(6)《易》之《繫词》之简称。《史记·孔子世家》:"孔子晚而喜《易》,序彖、～、象、说卦、文言。"

2. jì　古诣切,去声。

(1) 粗劣的絮。见《说文》。(2) 打结(晚起义)。清文康《儿女英雄传》:"～上带子。"

【辨析】

这三个字的关系很有趣。《说文》将这三字分入三部:系别立系部,係在人部,繫入糸部。

系字极古老,甲文系字作𢒉,像手持丝形,会系属物品之意。商人重鬼神,甲文此字常见于祀典,是与鬼神交接时所带的"见面礼"。以手持物,礼之固然,就像我们今天说的"不能空手去"一样,至于先民所持之物,可以是丝束,也可能是其他祭品。可见,"系"是维系神人双方联系的纽带,自然有了连接、维系之义;送人的礼物,自当妥为包装、捆扎,所以系又有捆绑、束缚之义;以手持物,往往是拎、提,物垂于下,因而系复有悬、挂之义。从这些基本义,又可产生不少引申义。事实上,从甲文系的形、义考察,系字包含了係和繫的全部意义,一而足矣。钱钟书说:"字义之多歧适足示事理之一贯。"联系到系字,最切合不过了。

《说文》解系为"从爪丝",颇合初文;但又释系义为"悬也",且以悬、系互训,似乎有意将束缚之义留给"係"字。

係字多了个人旁,多用作动词,表示束缚、捆绑,引申为系属。段玉裁说:"系与係可通用,然经传係多为束缚。"看来还是古人的使用习惯问题。

繫从糸(丝),《说文》释为"恶絮也",即极差的絮。中古以前中国没有棉絮,所谓絮,指的是丝绵。恶絮,是丝绵的等而下者,大概就是今日江南蚕区的"汏头"(头作词尾,轻读)。此物大抵是用不能缫丝的"烂头茧",或做丝绵剩余的下脚料,煮烂后在水中拍打、拉伸、扯松,晾干使成絮状,可以翻入夹衣或被单以御寒。所以段玉裁注"恶絮"为:"贫者着衣可以幕絮也"(幕,煮茧),"煮熟烂牵引使离散如絮也。"事实上,繫的本义就是"汏头"。不过"汏头"只是吴方言,别处的人不一定听得懂,而现代标准汉语应用什么词来表达,一时真还找不到。段氏在"繫"下有一段感慨:"六朝以后,舍系不用,而假繫为系,遂使繫之本义薶蕴终古。"这种戏法,就像俚语说的,实在是"吃得太空",没事找事。繫本是作为系的假借字用的,后来竟婢作夫人,反客为主,其假借义成了常用的基本义,而其本义却几乎无人知晓而"薶蕴终古"了。

从应用的实际来看,古籍中系、係可通用,系、繫也可通用。与係、繫都通用的系,作为简化字,是切当之选。

在古文中,"世系"一般不作"世係"或"世繫";"繫辞"一般不用"系辞"或"係辞"。

咸/鹹

【释字】

咸　xián　胡谗切,平声。

(1) 皆。《书·尧典》:"庶绩～熙。"引申为同。《诗·鲁颂》:"克～厥功。"(2) 周遍。《庄子·知北游》:"周、遍、～,三者异名同实,其指一也。"

【备考】　和。《左传·僖公二十四年》:"昔周公吊二叔之不～。"

鹹　xián　胡谗切,平声。

(1) 像盐那样的味道。《荀子·正名》:"甘苦～淡,辛酸奇味,以口异。"(2) "鹹鹾",祭祀时用的盐。

【辨析】

两字同音,但在古代意义完全不同。

咸在古文中与盐味完全没有关系,而是作程度副词,表示全部、都、周遍的意义。

鹹从卤咸声。滷水中可析出盐来,盐之味即是鹹。此字义极单纯,或表盐味,或表祭祀之盐。

今以咸作鹹的简化字,取其同音,而同音通假本是前人的常用手法。

宪/宪

【释字】

宪　xiòng

《搜真玉镜》:"～,香重、莫报、呼困三切。"义缺。

宪　xiàn　许建切,去声。

(1) 法令。《管子·立政》:"～既布,有不行～者,谓之不从

令,罪死不赦。"(2) 效法。《诗·大雅》:"王之元舅,文武是
～。"(3) 布告。《周礼·地官》:"令群吏考法于司徒以退,各
～之于其所治国。"(4) 属吏称上司为宪。如"大～"、"～台"。

【辨析】

"宪"见《搜真玉镜》(参见"邓"条),音尚模糊,义更缺如,只具
字形而已。

向/嚮

【释字】

向 xiàng 许亮切,去声。

(1) 北窗。《诗·豳风》:"塞～墐户。"(2) 朝向,面向。《战国
策·燕策三》:"北～迎燕。"引申为方向。《国语·周语》:"明
利害之～。"又为归向。《汉书·班超传》:"莫不～化。"又为
向某方面发展。《后汉书·段颎传》:"余寇残烬,将～殄灭。"
(3) 从前,旧时。与"今"相对。《谷梁传·成公二年》:"今之
屈,～之骄也。"

嚮 1. xiàng 许亮切,去声。

(1) 向着,面向。《史记·滑稽列传》:"～河立待良久。"又
引申为将近。《易·说卦》:"圣人南面而听天下,～明而
治。"(2) 从前,原来。《吕氏春秋·察今》:"～之寿民,今
为殇子矣。"(3) 北窗。字本作"向"。

2. xiǎng 许两切,上声。

(1) 通"享"、"飨"。享受,享受祭祀。《荀子·解蔽》:"故

～万物之美而不能噪也。"(2) 通"响"。回声。《庄子·在
宥》："若形之于影,声之于～。"

【辨析】

"向"甲文作 ⌂ ,像墙上开了扇窗。《说文》:"向,北出牖也。"即
北窗,引申为面向、方向。向字历三千余年仍保持其初形。向南开
的窗,古人叫做"牖",和"户"(门)一样,开在南墙上。后来用牖泛
指窗,"向"的北窗义就少用了。

段注《说文》"鄉"下说:"鄉者,今之向字。汉(指汉代)字多作
鄉,今作向。……《释名》曰: 鄉,向也,民所向也,以同音为训也。"
可见汉代人多将向字写作鄉(乡)字,取人向往家乡之义而同音假
借。而"嚮"字更将两字叠成一字,未免太过叠床架屋了。

至于"向"的从前义,是从同音的"曏"字借来的。曏与曩互训,
义为从前、以前;字又可写作鄉,而鄉又通向。向的"从前"之义用
了两千多年,后人已浑然不觉前人的这一番七拐八弯了。

总之,向作为嚮的简化字,是返璞归真。

旋/鏇

【释字】

旋　1. xuán　似宣切,平声。

(1) 回旋,旋转。《礼记·玉藻》:"周～中规,折～中矩。"

(2) 还归。三国曹植《朔风诗》:"今我～止,素雪云飞。"

(3) 顷刻,不久。《史记·仓公列传》:"案之无出血,病～
已。"(4) 悬钟之环。(5) 小便。《左传·定公三年》:"夷

射姑～焉。"

2. xuàn　辞恋切,去声。

(1) 圆圈形回旋。"旋风",回旋的风。(2) 温酒(晚起义)。《水浒传》第五回:"那庄客～了一壶酒。"

鏇　1. xuàn　辞恋切,去声。

(1) 圆炉。《说文》:"～,圆炉也。"段玉裁注:"《古文苑·美人赋》:'金币熏香',说者以为圆炉。"(2) 转轴。唐杜甫《画鹰》:"條～光堪摘,轩楹势可呼。"(3) 回旋着切削。《齐民要术》:"梜者,～作独乐及盏。"(4) 旋子。温酒器。引申为煮茶器。(5) 铜锡盘。明冯梦龙《古今谈概》:"锡～置熟鸡半只。"

2. xuán　似宣切,平声。

《玉篇》:"～,圆辘轳也。"

【辨析】

"旋"甲文作形,从从足(),会人在旌旗下周旋之意。《说文》:"旋,周旋,旌旗之指麾也。从㫃从疋,疋,足也。"许说甚精当。所谓周旋,就是指挥的令旗挥动转圈,队伍也跟着转圈,自是回旋、旋转之义。既作圆周运动,必周而复始,回到原点,所以又有回归之义。其他衍生义,也多少与此有关。至于以旋作小便的代称,是古人的避亵语。汉代已有尿字,也有"小溲"、"小遗"等委婉语,此旋也从先秦一直沿用下来。至于为什么要挑旋字,实在也没有揣测的必要。

旋所从的㫃,甲文作,像旌旗之"游",大抵就是今天旗上的流苏。凡从此旁之字,大多与旌旗相关。

"鏇"从金,旋在这里以声包义。所以此字的涵义多与圆、转有关;从金,则表示有关的圆形器物多为金属制造,而制造的工艺恰又是回旋切削。北魏《齐民要术》所述的以"梜"作旋,实在已是车床的雏形了。

旋与镟字在词义上有内在的联系,音亦相同,简化为旋后,不会有大混淆。

痒/癢

【释字】

痒 1. yáng 似羊切,平声。

病名。《诗·小雅》:"哀我小心,瘋忧以~。"泛指病害。又《大雅》:"降此蟊贼,稼穑卒~。"

2. yǎng 余两切,上声。

通"蛘"。癢。《周礼·天官》:"夏时有~疥疾。"

癢 yǎng 余两切,上声。

皮肤受刺激需要搔挠的感觉。《礼记·内则》:"问衣燠寒,疾痛苛~,而敬抑搔之。"引申为极想表现某种技能。汉应劭《风俗通》:"(高渐离)闻其家堂上客击筑,伎~,不能出。"

【辨析】

痒,读羊,是一种病。《说文》:"痒,疡也。"又"疡,头创也"。段注:"头疡,亦谓秃也",复引《礼记》:"身有疡则浴"。则这种病可以生在头上,大抵相当于今之"癞痢头";也会生在身上,大概是身上生烂疮,所以要洗浴,也许是用药水浸泡。由此引申为泛指病害。痒的二读,通于"蛘",也就是癢,这才是今天读上声的痒的意义。

　　癢是蛘的别体字,段玉裁说:"癢之正字,《说文》作蛘。"癢与蛘的意义,正是挠痒的痒。

　　在挠痒的痒这个意义上,痒与癢(蛘)早就相通。痒的本义所指的病害,却是癢没有的。

　　有趣的是,"蛘"在今天已全无痒义,且读作羊,表示方言中的米虫"蛘子"或"蛘虫"。

样/様

【释字】

样　yáng　与章切,平声。

　　搁架蚕箔的木柱。《方言》:"槌,自关而西谓之槌;齐谓之～。"郭璞注:"槌,悬吞薄柱也。"

様　1. xiàng　似两切,上声。

　　橡子。《说文》:"～,栩实也。"古籍多写作"橡"。

　　2. yàng　弋亮切,去声。

　　(1) 式样。《隋书·何稠传》:"凡有所为,何稠先令亘、衮立～,当时工人皆称其善。"(2) 形状。唐杜甫《杨监又出画鹰十二扇》:"近时冯绍正,能画鸷鸟～。"(3) 量词。一种称一～。唐王建《宫词》:"新衫一～殿头黄。"

【辨析】

　　在古代,这是完全不同的两个字。

　　样读羊,是古代山东一带的方言,指养蚕时搁架蚕箔的木柱。实际上这种木架子一直沿用到现代,江南蚕区就直呼为蚕柱。

样的一义是橡子,即《说文》中的"栩实"(《说文》无橡字)。样读去声时,表示式样、形状并作量词,这一意义沿用至今。

样的蚕柱义,古书罕用,现在用作様的简化字,主要承继了様读去声时的音义。

医/醫

【释字】

医　yì　于计切,去声。

盛弓弩矢的器具。《说文》:"～,盛弓弩器也……《国语》曰:'兵不解～。'"今本《国语》作"兵不解翳"。

醫　yī　于其切,平声。

(1) 治病的人,医生。也作"毉"。《礼记·曲礼》:"～不三世,不服其药。"又指医术、医药。《史记·万石张叔列传》:"郎中令周文者……以～见。"(2) 治病,医疗。《墨子·号令》:"伤甚者令归治,病家善养,予～给药。"

【备考】 (1) 粥加曲蘖酿成的甜酒。《礼记·天官》:"办四饮之物,一曰清,二曰～,三曰浆,四曰酏。"(2) 通"翳"。遮蔽。《韩非子·八经》:"～曰诡,诡曰易。"

【辨析】

在古代,这是完全不同的两个字。

"医"字《说文》在匸部,匸音傒,义为夹藏;而匸包着的矢,正是箭。所以医的本义是盛放弓弩矢的容器。后来借"翳"来表示医,翳也有遮蔽、掩藏的意义。今天浙江一带还将白内障称为眼中"生了翳"。医在古代就是我们比较熟悉的"韬"一类的东西,韬用来盛弓、剑,而医则盛箭。今天用的"韬晦"一词,正是用韬的隐藏义。

"醫"字《说文》在酉部。酉就是酒(参见"丑"条),许慎说医生都好酒,姑妄听之可也;又说酒也可治病,中医确有"酒为百药之长"的讲究。醫既表示医生,也表示医生的工作治病,与今天完全一样。

医的古义罕见于典籍,而与醫音近,作为后者的简化字,不致有大混淆。

叶/葉

【释字】

叶 xié　胡颊切,入声。

　　同"协"。《续汉书·律历志》:"遂观东后,～时月正日。"《新唐书·李逢吉传》:"逢吉与李程同执政,不～。"《辽史·乐志》:"截竹为四窍之笛,以～音声。"引申为诗词之"～韵"。

葉 1. yè　与涉切,入声。

　　(1) 植物的叶子。《诗·周南》:"维～萋萋。"(2) 世,时世。《诗·商颂》:"昔在中～,有震且业。"(3) 书页,书册的一张(后起义)。明王彦宏《寓夜》:"鼠翻书～响,虫逗烛花飞。"

　　2. yè　(旧读 shè)书涉切,入声。

　　(1) 古邑名。《左传·成公十五年》:"楚公子申迁许于～。"在今河南叶县。(2) 姓。汉刘向《新序》:"～公子高好龙。"《通志》:"～氏,旧音摄,后世与木叶同音。"

【辨析】

古代这是完全不同的两个字。

叶的音义都与"协"相同。其意义是和洽、相合。诗词"叶韵"的叶,应读协,字不作"葉"。叶在古文中没有叶子的意义,也不作姓氏。

葉从草,其义自与植物相关。叶子,是其本义;叶落知秋,显示岁月的周流,引申为世、时也是自然之理。而引申为书册之页,据段玉裁说,是从"牒"(从竹,与接切,读葉)字转借来的。"牒"是一种表面上涂了石灰的竹板,类似近代的粉板,供小孩学习写字用,因为写满了还可以擦掉再写,写满一板,就叫一"牒"。古人的创造力,由此可见一斑。后来此字就用同音的"葉"或"页"代替了。而那块用来擦拭的布就叫做"幡"。至于僧人用贝叶写经,倒是用名副其实的叶了。葉作地名或姓氏的另读摄,自汉代起就归于其一读了。

对叶作反推时,应注意辨析。

踊/踴

【释字】

踊 yǒng 余陇切,上声。

(1) 跳跃。《史记·齐太公世家》:"枕公尸而哭,三～而出。"

(2) 跳上,登上。《晏子春秋·杂下》:"君为台甚急,台成,君何为而不～焉?"(3) 上涨,向上升起。《后汉书·曹褒传》:

"时春夏大旱,粮谷～贵。"(4) 古代受过刖刑的人所穿的鞋子。《左传·昭公三年》:"国之诸市,屦贱～贵。"

踊 yǒng 尹竦切,上声。

同"踊"。(1) 跳跃。《世说新语》注引《语林》:"闻者莫不～跃,植发穿冠。"(2) 古代受过刖形的人穿的鞋子。

【辨析】

踊字后出。《说文》有踊无踊。踊义同踊,似乎不必立此条。但细味两字的用法,似略有区别,踊多用于具体的动作,如跳跃;而踊则不仅表示具体动作,还可表示抽象的上涨、上升,如物价腾踊,一般不用踊。故亦立此存照。

像踊这样同义复出的字,实无存在的必要,以踊取代,完全合理。因此,踊字完全不必作任何反推。

忧/忧

【释字】

忧 yòu 于救切,去声。

心动。《说文》:"～,心动也。"段玉裁注:"各本作'不动也',今正。"

忧 yōu 于求切,平声。

(1) 忧虑,忧伤。《论语·述而》:"发愤忘食,乐以忘～。"

(2) 疾病。《孟子·公孙丑下》:"有采薪之～,不能造朝。"

(3) 居父母之丧。《梁书·刘杳传》:"自居母～,便长断腥膻。"

【辨析】

忧，《说文》释为"心动也"。这里的心动，大抵是心中不安，像俗语所谓"心里别别跳"，而不是动心，动念头。

古籍鲜见忧字，但忧字所从之"尤"却极古老而常用。甲文尤作 ，像人手想向上伸，却被东西(甲文中的一横)挡住了，很不顺利。卜辞中常见"亡尤"二字，意为无灾异、无不利，实在就是"无忧"。这里，尤表示灾异、不顺，这些东西挂在心(忄)里，自然令人担忧，也即"心动"。所以，无论从《说文》的解释还是从字源上考察，作为忧愁、担忧意义的字形，"忧"都是最合适之选。

憂作愁解，是古人同音假借的结果。《说文》心部有"息"字，"息，愁也"。此字从页(頁是首的或体，即头)从心，正是担忧、发愁的意思。又在夂部有"憂"字，而释为"憂，和行也"。原来憂的意义是心平气和地行走、稳妥地办事。憂字从夂息声。夂的初文即甲文中的足形，故从夂之字多与行走有关。而由于与息同音，又假借为息。段玉裁说："不知何时浅人，尽易许书息字……自假憂代息，则不得不假優(优)代憂。"又是一笔借来借去造成的乱账。憂的本义是行路办事从容不迫，游刃有余；但后来借为息字，表示忧愁、担心，不仅将本字息排挤殆尽，而且弄得自家的本义也湮没不用了。要是再碰到要表示从容、和行之义时，又只得借用同音的第三方"優"了。如《诗·商颂》："为政憂憂"，用憂的本义，指办事游刃有余，而不是忧心忡忡，憂的本义既已湮没不用，没办法，只得写作"为政優優"了事。成语"優(优)哉游哉"之優，也是这么来的。造成这种混乱的"浅人"，绝不是先秦学者，因为他们不用隶字，别看先秦典籍中早有了楷书的某字某字，其实那都是后人定的。无论是也好，非也罢，大家既然用惯了，就不得不承认，也就不必再去苟责古人。

以忧代憂,可谓去伪存真,几乎翻了两千年前的案。

优/優

【释字】

优 yóu

《龙龛手鉴》:"～,五谷精如人白发也。"

優 yōu 于求切,平声。

(1) 丰,多,充裕。《国语·周语上》:"则享祀时至,而布施～裕也。"引申为宽。《诗·大雅》:"天之降罔,维其～矣。"

(2) 戏谑。《左传·襄公六年》:"宋华弱与乐辔少相狎,长相～。"引申为名词,扮演杂戏的人,优伶。《国语·晋语》:"公之～曰施。"(3) 优胜。《汉书·王贡两龚鲍传赞》:"王贡之才,～于龚鲍。"

【备考】 (1) 优柔寡断。《管子·小匡》:"人君惟～与不敏为不可。"(2) 调和。《淮南子·原道》:"其德～天地而和阴阳。"

【辨析】

優,《说文》:"饶也。从人憂声。一曰倡也。"其基本意义至今未变。優与憂的关系,可参见"憂"条。

"优"见《龙龛》,属释家言,不见于俗书与经典。作为简化字,当属借形。

犹/猶

【释字】

犹　1. yòu　尤救切,去声。

兽名。《集韵》:"～,兽名。"

　2. yóu　音尤。

(1) 犬吠声。见《龙龛手鉴》。(2) 姓。也作"尤"。宋有犹道明。(3) 同"猶"。

猶　1. yóu　以周切,平声。

(1) 一种猿类动物。《尔雅》:"～如麂,善登木。"(2) 如同,好像。《论语·先进》:"过～不及。"(3) 还,仍然。《孟子·尽心上》:"掘井九轫而不及泉,～为弃井也。"(4) 尚且。《左传·隐公元年》:"蔓草～不可除,况君之宠弟乎?"(5) 谋划,计谋。《诗·小雅》:"方叔元老,克壮其～。"(6) 道,道术。《诗·小雅》:"匪大～是经。"(7) 通"尤"。指责。《诗·小雅》:"无相～矣。"通"由"。从。李白《怨情》:"故人似玉～来重。"(8)"猶豫"。双声联绵字。《战国策·赵策》:"平原君～豫未有所决。"

　2. yáo　余招切,平声。

通"摇"。《礼记·檀弓下》:"咏斯～,～斯舞。"

【辨析】

两字均从犬,属兽类,是什么兽,古人常常语焉不详。两字音近。

犹早同于猶,因其尚存独立的音义,故存以备考。犹作简化字,也属借形。

邮/郵

【释字】

邮　yóu　以周切,平声。

(1) 亭名。《说文》:"～,左冯翊高陵。"今陕西高陵县。

(2) 乡名。在高陵县。

郵　yóu　羽求切,平声。

(1) 古代传递文书、供应食宿、车马的驿站。《孟子·公孙丑上》:"德之流行,速于置～而传命。"引申指送信的人(后起义)。《世说新语·任诞》:"殷洪乔不能作致书～。"

(2) 邮递,邮传(后起义)。唐皇甫枚《三水小牍》:"愿捷善行,故常令～书入京。"(3) 通"尤"。过失,罪过。《诗·小雅》:"是日既醉,不知其～。"又为抱怨,怨恨。《荀子·议兵》:"故刑一人而天下服,罪人不～其上。"(4) 通"尤"。最,突出的。《列子·周穆王》:"而况鲁之君子,迷之～者,焉能解人之迷哉?"

【辨析】

邮在古代仅作地名,作为郵的简化字,也可视为借形。

余/餘

【释字】

余　yú　以诸切,平声。

　　我。屈原《离骚》:"皇览揆～于初度兮,肇锡～以嘉名。"

　　【备考】　(1) 四月为余。见《尔雅·释天》。(2) 通"餘"。

餘　yú　以诸切,平声。

　　(1) 丰足。《战国策·秦策》:"今力田疾作,不得暖衣～食。"
(2) 多余,剩余。《论语·学而》:"行有～力,则以学文。"又为
遗留的。《书·毕命》:"～风未殄,公其念哉!"(3) 其他的,以
外的。《史记·高祖本纪》:"与父老约,法三章耳:杀人者死,
伤人及盗抵罪,～悉除去秦法。"(4) 零数。《荀子·尧问》:
"欲言而请毕事者千有～人。"(5) 末。《吕氏春秋·贵生》:
"帝王之功,圣人之～事也。"

【辨析】

　　古代两字有别,只是偶尔相通。

　　余的古义较单纯,主要用于第一人称我(参见"台"条)。余偶
有通于餘的用法,但也必须在不会产生歧义的条件下。

　　《总表》在余(餘)下加注:"在余和餘意义可能混淆时,仍用餘。
如文言句'餘年无多'。"餘年无多,是剩下的日子不多了;如果写成
"余年无多",则容易误解成我的岁数还不大。又如《春秋》传有"贾
余餘勇"之句,一看便知前余义为"我",后餘义为"剩餘",如果写成
"贾余余勇",难免令人不知所云。同样,"餘悉除去秦法",意思是

除了"杀人"、"伤人及盗"要惩办外,"其余的秦法全都去除"。如果以余代馀,这句话的意思很可能被误解成"我把秦法统统去除"。

所以,馀字还不能"悉除去",只是其偏旁经过简化,成为"馀"。而餘也成了有两种简体的繁体字。

御/禦

【释字】

御　1. yù　牛倨切,去声。

(1) 驾驭车马。《论语·子罕》:"执～乎?执射乎?"引申为驾驭车马的人。《诗·小雅》:"徒～不惊。"(2) 统治,治理。《书·大禹谟》:"～众以宽。"(3) 侍奉。《书·五子之歌》:"厥弟五人～其母以从。"(4) 进用,奉进。《礼记·曲礼》:"～食于君。"(5) 女官、侍从的近臣。《国语·周语》:"王～不参一族。"(6) 指与皇帝有关的事物。《汉书·王莽传》:"衣重练,减～膳。"(7) 通"禦"。抵御。《诗·邶风》:"我有旨酒,亦以～冬。"

2. yà　鱼驾切,去声。

迎。《诗·召南》:"之子于归,百两～之。"《释文》:"～,五驾反。本作讶,又作迓。"

禦　yù　鱼巨切,去声。

(1) 祭祀。《逸周书》:"戊辰,王遂～。"(2) 抵抗,抵挡。《诗·小雅》:"兄弟阋于墙,外～其侮。"引申为防备。《国语·周语》:"薮有圃草,囿有林池,所以～灾也。"又为禁止。《周礼·秋官》:"～晨行者,禁宵行者。"

【辨析】

《说文》释"御"为"使马也"。使马,就是训练并驾驭马匹。训、驭的目的,自然是为人所用,在上古大抵是驾车。这个意义演绎开来,同样具有"一柄二边"的特性。一方面,从操纵、管制的角度,可扩展至统治、治理、统治者直至帝王。古代的大臣叫"牧",是从放牧家畜引申出来的意义;而"御"比"牧"的手段更高,是操纵和管治之术。另一方面,训、驭的对象,必须为主人提供服务。综合起来,正是"御"的基本意义。这是传统的解读。

但《说文》将御的字源推定为"驭",却并不可靠,因为我们今天可以见到甲骨文。甲文已有御字,作𦥑、𦥯等形,从𠂤(卩)从𠂤(午),或增"彳"作偏旁,𠂤亦作丨、𠂤等形。𠂤像交午之束丝,以交午喻主客之迎逆会晤。闻郁先生说:𠂤像人跪而迎迓之形,𠂤是道路,在路上迎客就是御。《诗》:"百两御之",笺曰:"御,迎也"。迎即客止,客止则有饮御之事,所以又有进奉、侍奉之义(见徐中舒《甲骨文字典》)。这么看来,御的初文即有迎迓、饮御、侍奉之义。御的"迎"义,现代人大多不熟悉,但古籍中却是常见的意义。如《列子》:"遇骇鹿,御而击之",表示迎头痛击;《谷梁传》:"跛者御跛者,眇者御眇者",是腿残疾者接待腿残疾者,眼残疾者接待眼残疾者。这是真实语源上的解读。

但卜辞中的御字,多用作祭祀的专名。只是后来在下面加了"示"字,成了"禦"字,用来专表祭祀,而御字反从此义中淡出了。甲文中的"示"(𥘅)字,有学者认为是先民生殖崇拜的象征,也有学者认为是先祖神位的形象,总之,均与崇拜、祭祀相关。凡从示之字,大多也有这种意味。

总之,御本已包含了禦的全部义项,用它作禦的简化字,没有任何问题。如欲反推,则应加详辨。

吁/籲

【释字】

吁 xū 况于切,平声。

　　叹词。《书·吕刑》:"王曰:～! 来!"

　　【备考】 忧。《诗·周南》:"云何～矣。"毛《传》:"～,忧也。"

籲 yù 羊戍切,去声。

　　呼告,呼求。《书·召诰》:"以哀～天,徂厥亡,出执。"

【辨析】

　　吁作叹词,音虚,近似于今天的"嘿"、"哎"等词;籲作动词,音玉,表示呼告、呼求等义。

　　吁作为籲的简化字,有两种读音和用法。表示叹息、喘息时,读其本音虚,如气喘吁吁、长吁短叹等,这里的吁字,已不再是叹词,而是作拟声词或动词了。而在表示原来籲的意义时,则读籲的本音玉,仍作动词,如呼吁、吁请等等(参见《总表·第一表》注26)。

　　总之,古代这是完全不同的两个字。因它们的本义都甚单一,所以简化字"吁"的兼容特征表现得很典型。

郁/鬱

【释字】

郁 yù 于六切,入声。

(1) 郁夷,古地名。又为汉县名,在今陕西陇县西。(2) 通"彧"。形容事物的盛美、众多。可以是富有文采。《文心雕龙》:"近褒周代,则～哉可从。"又可以是香气浓郁。汉司马相如《上林赋》:"芬芳沤鬱,酷烈淑～。""郁郁",表示事物盛美、繁多的状态。富有文采,如《论语·八佾》:"周监于二代,～～乎文哉!"香气浓烈,如屈原《九章·思美人》:"纷～～其远承兮,满内而外扬。"仪态盛美,如《史记·五帝本纪》:"其色～～,其德嶷嶷。"草木茂盛,如晋陆机《为顾彦先赠妇往返》诗:"翩翩飞蓬征,～～寒木荣。"(3) 通"燠"。温暖(后起义)。南朝梁刘峻《广绝交论》:"叙温～则寒谷成暄,论严苦则春丛零叶。"

【备考】　(1) 没有内核的果实。《论衡·量知》:"物实无中核者谓之～。"(2) 通"奥"。山李,即郁李(后起义)。晋潘岳《闲居赋》:"梅、杏、～、棣之属,繁荣丽藻之饰。"

鬱　yù　纡物切,入声。

(1) 草木茂盛貌。《诗·秦风》:"鴥彼晨风,～彼北林。"又指云气浓盛貌。《三国志·吴志·薛综传》:"加以～雾冥其上,咸水蒸其下。"(2) 果名。《诗·豳风》:"六月食～及奥。"(3) 香草名,即郁金香草。《周礼·春官·郁人》郑玄注:"～为草,若兰。"(4) 阻滞,蕴结。《吕氏春秋·尽数》:"精不流则气～。"(5) 鬱邑。双声联绵字。忧愁貌。《离骚》:"忳～邑余侘傺兮,吾独穷困乎此时也。"字亦作鬱悒。"鬱鬱",愁闷貌。《史记·淮阴侯列传》:"安能～～久居此乎?"又茂盛貌。《古诗十九首》:"青青河畔草,～～园中柳。"

【辨析】

郁是"彧"的同音假借字,字义多从彧。彧,《广韵》、《广雅》释为"有文章也"、"文也"。上古"文章"二字是仿语(参见"伙"条),表示色彩丰富的纹饰错杂而鲜明,引申为盛美、众多之义。《论语》"郁郁乎文哉",此郁即或的借字。由于《论语》的巨大影响,这种用法自为后人纷纷效仿,而或义反成了郁的基本义。《说文》仅释郁为地名。

鬱字《说文》在"鬯"部。鬯音 chàng(怅),是一种祭祀降神时所用的香酒。用来酿这种酒的香草,就是"鬱"。在上古,这种鬱是稀罕之物,因为它不产于中原,而产于今广西西江流域,是"远方鬱人所贡香草"。而鬱人所居,便是秦代的桂林郡,汉武帝又改为鬱林郡。这种香草,古人后来称为鬱金香,因以其浸酒,酒液金黄,芳香扑鼻。李白所谓"兰陵美酒鬱金香,玉碗盛来琥珀光",即咏此酒。上古这种稀罕的酒专用于祭神大典,自然有盛大之义,且此草丛生且壮硕,故又具茂盛之义。而物之过盛,积滞不散,又会走向反面,即鬱结。正如"飞龙在天"本是好事,而飞得太高太猛,又会"亢龙有悔"一样,中国哲学的辩证观点,自也会反映在文字学中。

"郁"多褒义,在形容草木茂盛的用法上,与"鬱"相当。但用于形容人,古代两字判然有别。"郁郁",指的是该人有文采,非徒识挽弓走马之辈,此处不能用"鬱";而称人"鬱鬱",则指此人内心鬱结,很不得志,此处不能用"郁"。因此,简化后的"郁郁",就兼容了上述两方面的意义。

鬱字洋洋二十九画,组装的"部件"之多,令人眼花缭乱,让宋人拿去做《字说》,倒是好题材(参见《管锥编》论王安石《字说》)。拆字之法固遭人诟病,而从应用的角度看,更是毫无意义的繁琐哲学。如果让今天的小学生去写这个字,真不知要浪费多少时间和精力。

郁与鬱音义均相近,用简便易写的"郁"来兼容二字的意义,不会有大问题。只是在作反推时,应注意它们古义的区别。

园/園

【释字】

园 wán　五丸切,平声。

同"刓"。削使圆。《庄子·齐物论》:"五者～而几向方矣。"《后汉书·孔融传》:"岂有员～委屈可以每其生哉?"李贤《注》:"～,即刓字。"

園 yuán　雨元切,平声。

(1) 有篱笆围绕种植蔬果的地方。《诗·郑风》:"无逾我～。"引申为花园、别墅,供游息之处。《世说新语·简傲》:"闻顾辟疆有名～。"(2) 帝王的墓地。《史记·叔孙通列传》:"先帝～陵寝庙,群臣莫能习。"

【辨析】

古代这是完全不同的两个字。

园同"刓",音玩,意义就是削去棱角。没了棱角,自然圆滑了。《后汉书·孔融传》"岂有员园委屈",员即圆,员园,就是削去棱角变圆滑。《说文》无园字。

園,《说文》:"所以树果也。"指的是果园(种菜的叫"圃"),后泛指围以篱笆植以蔬果的园子。引申为陵园,虽气派不同,但本质上仍是个大园子。

"园"字古书罕用,作为園的简化字,不会有大混淆。

应当注意与園同音的"圓",今简化为"圆",是圆形、圆圈的意思;古汉语还有个"圜"字,表示的是平面的圆圈,而"圆"则多表示立体的圆球,今已通作"圆"。人民币一圆的圆,称呼起源于银圆,今也写作"元"。元不是简化字,只能认为是圆的借字。《现代汉语词典》:(货币)圆,"也作元"。但圆形、圆圈的圆不作"元"。

愿/願

【释字】

愿 yuàn 鱼怨切,去声。

诚谨,善良。《说文》:"～,谨也。"《书·皋陶谟》:"～而恭。"《左传·襄公三十一年》:"～,吾爱之。"

願 yuàn 鱼怨切,去声。

(1) 愿望,心愿。《诗·郑风》:"邂逅相遇,适我～兮。"

(2) 愿意,希望。《孟子·梁惠王上》:"寡人～安承教。"

(3) 思念。《诗·邶风》:"寤言不寐,～言则嚏。"(4) 羡慕。《荀子·荣辱》:"小人莫不延颈举踵而～曰:'知虑材性,固有以贤人矣。'夫不知其与己无以异也。"(5) 祈祷神佛所许下的酬谢(晚起义)。《水浒传》四十五回:"只说要还～,也还了好。"

【备考】 (1)《说文》:"～,大头也。"(2)《诗·邶风》:"～言思子,中心养养。"毛《传》:"～,每也。"

【辨析】

两字同音,但意义在古代是不同的。

"愿"多作形容词,用来描述人的品质诚实、谨慎、善良。但也有用作反语的,如《论语》:"乡愿,德之贼也。"这里的乡愿,不是"乡人的善良",更不是"乡人的愿望",而是指卑劣小人装成道德高尚的样子,比真小人还可恶。

愿多用作名词,表示愿望、心愿;作动词,表示希望、思念、羡慕。古字书释愿为"思"、"欲思",极是,包括了"想"和"想如何如何"。

《说文》释愿为"大头也",其实"页"就是头(参见"忧"条),古汉语从页之字多与头有关。《说文》中释为大头、小头之字甚多,对此,大家如段玉裁也常常感慨:"本义如此……今则本义废矣。"实在弄不清内中奥秘。

云/雲

【释字】

云　yún　王分切,平声。
(1) 曰,说。《论语·子张》:"子夏～何?"(2) 代词。如此。《左传·襄公二十八年》:"子之言～,又焉用盟。"(3) 语气副词。《左传·僖公十五年》:"岁～秋矣。"

雲　yún　王分切,平声。
在空中悬浮的由水滴、冰晶聚集形成的物体。《孟子·梁惠王上》:"天油然作～,沛然下雨。"又"雲孙",八代之孙。

【辨析】

"云"甲文作🜨,＝表上空,🜨是亘字,也是回字,像云气之回转。《说文》以云为雲的"古文",很正确;又说是雲的"省雨",段玉裁更指出"本无雨"。但这个意义的云后来都被雲替代了。

　　云在古籍中用得最多的意义是"说",即"满口子曰诗云"的云。云也用来对所说的话进行概括,比如"……云云",就表示"说些……这样的话"。但有时"云云"也表示纷乱不安,近于"纭纭"或"芸芸",也许本是借字。如《老子》(唐龙兴碑本):"夫物云云,各归其根。"《吕氏春秋》:"雲气西行,云云然冬夏不辍。"《汉书》:"谈说者云云。"等等,阅读时应细味其意。

　　雲虽后起,却是云朵、云彩义的专字。现在此义复归于云,是合理的取代。

芸/蕓

【释字】

芸　yún　王分切,平声。

(1) 草名。即芸香。《礼记·月令》:"～始生。"芸香花叶有强烈香味,放置书内,可以驱蠹避虫。故书籍可称"～帙"、"～编"、"～笈",藏书之处可称"～扃"、"～窗"、"～署"、"～阁"、"～台"。(2) 通"耘"。除草。《论语·微子》:"植其杖而～。"(3) "芸芸",众多的样子。《老子》:"夫物～～,各复归其根。"(4) "芸黄",双声联绵字。花草枯黄貌。南朝齐谢朓《望三湖》:"葳蕤向春秀,～黄共秋色。"

蕓　yún　王分切,平声。

后起字。(1) "～薹"。菜名,即油菜。北魏贾思勰《齐民要术》:"～薹,足霜乃收,不足霜即涩。"明李时珍《本草纲目·菜部·～薹》:"此菜易起薹,须采其薹食,则分枝必多……其子可榨油也。"(2) "～辉",叠韵联绵字。香草名。

【辨析】

两字同音,均从草,表植物,但种属不同。

芸是一种香草芸香,其花叶古人用来夹在书页中,可防虫蛀,此法至今可见。宋沈括曰:"(芸香)今谓之七里香者是也。叶类豌豆,其叶极芬香,古人用于藏书辟蠹,采置席下,能去蚤虱。"叠字"芸芸",表众多,不可写作"蕓蕓"。

"蕓薹",即油菜,我国是原产地之一,但蕓字后起。至今植物学、农学仍用此名,往往蕓作简体芸,而薹仍用本字,大概是避免与苔藓的苔相混吧。上古先民多食用动物油,植物油虽汉代已有,但多用于涂抹绢布之类,汉代大学者扬雄就曾用"油绢"作记录本,外出时临时记点事,用毕可擦去再用。食用植物油如菜油、豆油、茶油等,始见于宋代记载。

近见有人出书有"蕓蕓眾生",大误。

运/運

【释字】

运　yǔn　羽粉切,上声。

《集韵》:"～,走貌。"

運　yùn　王问切,去声。

(1) 转动,运行。《易·系辞》:"日月～行,一寒一暑。"用于使动,使运行。屈原《九章》:"将～舟而下浮兮,上洞庭而下江。"(2) 搬运,运输(后起义)。《三国志·蜀书·诸葛亮传》:"亮复出祁山,以木牛～,粮尽退军。"(3) 运用。《史记·高祖本纪》："夫～筹策帷帐之中,决胜于千里之外,吾不如子房。"
(4) 命运,运气。晋陶潜《自祭文》："自余为人,逢～之贫。"

【备考】　指空间的南北距离,纵向的长度。《国语·越语》："勾践之地……广～百里。"韦昭注："东西为广,南北为～。"《庄子·山木》："翼广七尺,目大～寸。"王念孙云："犹言目大径寸。"

【辨析】

运字见于宋代《广韵》,义为"走貌"。古文之"走"就是"跑",即使是现代意义的走,也当然是运动,与"運"义略近。运字罕见于典籍,作为运的简化字,是理想的借形。

折/摺

【释字】

折 1. zhé　旨热切,入声。

(1) 折断。《诗·郑风》："无～我树杞。"(2) 曲折。《淮南子·览冥》："河九～注于海。"(3) 屈。《史记·吕太后本纪》："于今面～庭争,臣不如君。"(4) 挫败。汉班彪《北征赋》："～吴濞之逆邪。"(5) 毁掉。《后汉书·樊宏传论》："若乃樊重之～契止讼,其庶几君子之富乎!"(6) 亏损。《易林·艮之恒》："贾市无盈,～亡为患。"(7)"折狱"。断狱,判案。《论语·颜渊》："片言可以～狱者,其由也与?"(8) 抵当,折合。宋苏轼《上神宗皇帝书》："买绢未尝不～盐,粮草未尝不～钞。"(9) 封土为祭处。《礼记·祭法》："瘗埋于泰～,祭地也。"(10) 古代葬具。形如床,无足。(11) 元杂剧结构的一个段落(晚起义)。每戏大都四折,一韵到底。

2. tí　杜奚切,平声。

安舒貌。《礼记·檀弓上》:"丧事欲其纵纵尔,吉事欲其
～～尔。"

摺

1. zhé　之涉切,入声。

(1) 折叠。北周庾信《镜赋》:"始～屏风,新开户扇。"

(2) 曲折。宋米芾《海岳名言》:"石曼卿作佛号,都无回
互转～之势。"

2. lā　卢合切,入声。

同"拉"。摧折。《史记·鲁周公世家》:"使公子彭生抱鲁
桓公,因命彭生～其胁,公死于车。"

【备考】《说文》:"～,败也。"

【辨析】

两字古音相近,义也略相似,但区别也很明显。

折字甲文作🐾,像以斤断木之形。斤(𠂇)就是斧头,用来劈断
木头。所以折的本义就是断。《说文》折字从草(艸)不从手(扌),
而且篆书之艸作竖置之形,释为"断也,从斤断草"。虽误木为草,
但其形、义与甲文大体相符。这是折区别于摺的要点。而曲折、折
服、挫折、亏折等都是它的引申之义。折字后来的意义就不一定要
弄断,也可指呈一定角度的弯折,如《史记》述西门豹作"磬折",就
是将身体弯成磬那样的角度,在这个意义上与摺略相似。

摺没有断的意义,却多了叠的意义,所以摺的对象多为纸张、
布帛一类的物质,俾可层层相叠。摺有曲折义,是后来的引申。
《说文》摺在手部,有趣的是,其义竟是"败也"。段注:"败者,毁也。
今义为摺叠。"这个毁,是否就是摺的另读"拉"的摧折义,也不好断

定。可以肯定的是,摺的本义已经向摺叠转移了。

《总表》在折下加注:"在折和摺意义可能混淆时,摺仍用摺。"可见摺并非任何情况下都可简化为折,但此注未按常规举例。在现代汉语中,这类混淆已经少见,因为折的"折叠"义已深入人心,人们用"折扇"、"折纸"、"奏折"、"存折"等词时,一般都不会产生折"断"的联想。这种混淆,在以简化字书写或刊印古文时,就很可能出现,比如"折扇",在古文中可能是将扇子折断的意思,所以还是用"摺扇"为妥。

征/徵

【释字】

征 zhēng　诸盈切,平声。

(1) 行。《诗·召南》:"肃肃宵～。"(2) 征伐。《荀子·议兵》:"以守则固,以～则强。"(3) 抽税。《孟子·梁惠王下》:"关市饥而不～。"又用作名词。《左传·文公十一年》:"以门赏耏班,使食其～。"

徵　1. zhēng　陟陵切,平声。

(1) 召。《左传·宣公九年》:"王使来～聘。"(2) 求。《史记·货殖列传》:"故物贱之～贵,贵之～贱,各劝其业,乐其事。"(3) 问,询。《左传·僖公四年》:"尔贡包茅不入,王祭不共,无以缩酒,寡人是～。"(4) 迹象。《史记·项羽本纪》:"兵未战而先见败～。"(5) 验证,证明。《论语·八佾》:"夏礼吾能言之,杞不足～也。"

　2. zhǐ　陟里切,上声。

　　五音之一。宫、商、角、～、羽。《礼记·月令》:"其虫羽,
其声～。"

　　【备考】　通"惩"。《荀子·正论》:"禁暴恶恶,且～其未。"

【辨析】

　　征的本义就是征伐。甲文征伐之义作,足形表示进军,口形表示城邑目标。金文讹变为"正"(),恰是征之所从。征伐必行军,所以有行走之义。抽税也叫"征",那是强制行为,和以兵相加差不了多少。

　　与征的杀气相比,徵的召、求、问之类意义,要客气得多。征求,征询,有点调查研究的意味,当然要关注对象表现出来的种种迹象。于是徵还有征兆、迹象之义,而根据各种迹象来验证自己的判断,就是证明的过程,事实上徵与證(证)、症是同源字。徵兆的徵,本通于"朕",朕从舟(参见"胜"条),义为"舟缝"。段玉裁说:"凡曰朕兆者,朕者如舟之缝,兆者如龟之坼,皆引伸假借也。"船上出现的缝隙、占卜时龟甲上出现的裂痕(参见"卜"条),自然都是不容忽视的迹象。

　　总之,这两个字古音相近,但意义完全不同。应注意"征伐"、"征途"之征,绝不可反推为徵。

　　《总表》在征下加注:"宫商角徵羽的徵读 zhǐ(止),不简化。"所以徵也属部分简化的类型。

症/癥

【释字】

症　zhèng　至圣切,去声。

"證(证)"的俗体字。"症候",病。元郑德辉《倩女离魂》:"要好时直等的见他时,也只为这～候因他上得。"

癥　zhēng　陟陵切,平声。

病名,腹内结块。《史记·扁鹊仓公列传》:"以此视病,尽见五脏～结。"

【辨析】

症是證(证)的俗体字。《说文》:"證,告也。"近于证言。段注:"今人为證验字。"则有验证、证明之义。证与徵是同源字,都有迹象、征兆的意义。中医看病要"辨证施治",此"证"就是病的各种征兆,也即病证。"症"是晚起的俗字,目的大概是用来代替"病证"的证字,于是有了"病症"一词,双双都带病字头,似乎也是类化的产物(参见"伙"条)。后来"病症"也和"症候"一样泛指疾病,并不专指某一特定之病。

癥则专指一种腹内结块的病。现在当然不会有这样含糊的病名了,但我们还在用的"癥(症)结"一词,多少还保留了些许余味。

症作为癥的简化字,大概念覆盖小概念,是合理的取代。而症也有了平、去两个读音。

只/隻、衹、祇

【释字】

只　zhǐ　诸氏切,上声。

(1) 语气词。《诗·鄘风》:"母也天～,不谅人～!"(2) 副词。只,仅(后起义)。《世说新语·任诞》注引《晋阳秋》:"我～见汝送人作郡,何以不见人送汝作郡?"

隻　1. zhī　之石切，平声。

　　　(1) 鸟一只。晋潘岳《悼亡诗》："如彼翰林鸟，双栖一朝～。"引申为一个。《公羊传·僖公三十三年》："匹马～轮无反者。"又为单。唐李德裕《文章论》："意尽而止，成篇见拘于～耦。"(2) 量词。《后汉书·方术传》："但得一～鸟焉。"

　　2. shuāng　音双。

　　　通"双"。《穆天子传》："于是载玉万～。"陈逢衡《补注》："万～之～，即古省雙字。玉必以雙献。"

衹　zhī　旨夷切，平声。

　　(1) 恭敬。《书·金縢》："四方之民，罔不～畏。"(2) 副词。只，仅。《诗·小雅》："成不以富，亦～以异。"唐石经"祇"作"衹"，宋以后俗本多作"祇"。在副词这个意义上，"衹"、"祇"、"秖"以及"秪"常通用。

祇　1. tǐ　土礼切，上声。

　　　"缇"的异体。橘红色的丝织品。

　　2. zhǐ　章夷切，平声。

　　　通"衹"。副词。适，恰好，仅仅。《左传·僖公十五年》："晋未可灭，而杀其君，～以成恶。"

　　3. qí　巨支切，平声。

　　　"祇衼"，叠韵联绵字。袈裟，僧尼的法衣。《新唐书·李罕之传》："初为浮屠，行丐市，穷日无得者，抵钵褫～衼去，聚众攻剽五台下。"

【辨析】

　　"只"是古汉语较早出现的语气词，与之类似的还有《楚辞》的"些"、《乐府》的"邪"等等，均相当于现代的"啊"、"呀"之类，能使语句更富感情色彩。"只"用作副词,表示只、仅,是后起的意义,但这却是它沿用至今的主要意义。更早的古汉语,只、仅之义用袛以及与其通用的祇、祇、秖等字来表示。

"隻"起初只是普通名词,表示鸟一只。其所从之"隹"就是鸟(参见"奋"条),外加一只手(又)。后来其用途扩大到可泛称某些生物与无生物的量词。

量词主要有两类。一类是度量衡单位,如"尺"、"升"、"斤"等等;第二类是天然单位,如"个"、"只"、"匹"、"次"等等。第二类是东方语言,尤其是汉藏系语言所独有的(参见王力《古汉语史稿》)。英语"一只鸟"就叫 one bird,直用数词加于名词,并没有使用这类天然量词的现象。

"袛"从示(参见"御"条),凡从示的字原来大多与祭祀有关。《说文》:"袛,敬也。"是恭敬之意。北魏的寺院地主就拥有大量的"僧袛(多写作"祇")户"为其劳作,以敬佛之名行奴役之实。但在《诗经》时代,袛就用作副词,表示只、仅之义了。

"祇"从衣,本是织物"缇"字的异体字。但它也早通于袛,作副词表示只、仅之义。

"只"作后三字的简化字,必须仔细甄别。一、作副词的袛、祇表示只、仅之义,作量词的隻,可简化为只。二、隻、袛、祇作实词时,如隻作名词表鸟一只,袛作动词表恭敬,祇作名词表织物时,不作简化。如"僧袛(多作祇)户"不能作"僧只户"。

致/緻

【释字】

致　zhì　陟利切,去声。

(1) 送达。《荀子·解蔽》:"远方莫不～其珍。"用于思想感情方面指表示、表达。《孟子·告子下》:"迎之～敬以存礼。"引申指给予、献出。《左传·桓公六年》:"圣王先成民然后～力于神。"(2) 使到来,招来。《盐铁论·本议》:"～市民,聚万货。"引申指获得。《三国志·诸葛亮传》:"此人可就见,不可屈～也。"(3) 意态,情趣。《魏书·茹皓传》:"树草栽木,颇有野～。"(4) 周密,精密。后作"緻"。《淮南子·时则》:"陈祭器,案度程,坚～为上。"(5) 通"至"。到。《周髀算经》:"引绳～地而识之。"又指程度最高的。《荀子·仲尼》:"非～隆高也。"

緻　zhì　直利切,去声。

(1) 细密。《灵枢经》:"卫气和则分肉解利,皮肤调柔,腠理～密矣。"(2) 一种质地细密的丝织品。《广雅》:"～,练也。"

【辨析】

致从夊,夊在甲文中是倒写的足形(参见"复"条),像行走;又从至,是到、来的意义。

至的本义是到,行走者主动的到;致的本义是使到,让行走者到。"使到"有两种情形:使人到别人那里,便是送达、给予、献出;使人到自己这里,便是招来、导致、获得。所以致可以使来,也可以使去。

这是典型的"一柄两边"。因此在古文中遇到与"致"相关的语词时,应根据语境仔细分析,还应了解点古人的习惯用法。比如"致仕",是让仕(官职、做官)去,交出官职,辞官归居;类似的用法还有"致事",是交出职事卸担子,如《曲礼》:"大夫七十而致事";"致为臣",是不在你手下干了,交出臣的名份,如《孟子·公孙丑下》:"蚑蛙谏于王而不用,致为臣而去。"而"致士",则是让士(士人)来,即招贤纳士。"致命"则两边皆可,去,是献出生命;来,是招来危险,危及生命。

致又有周密、精密义。《礼记》:"必工致为上",致就表示精致。段玉裁注《说文》"致"曰:"精致,汉人只作致。糸部缜字,徐铉所增,凡郑注俗本乃有缜。"徐铉是宋人,可见用缜来表示精致,是宋以后的事了。汉代的缜,只是"缝敝衣"之义,与精致全不搭界(见扬雄《方言》)。

简化字定于一"致",是复归本字。

制/製

【释字】

制　zhì　征例切,去声。

(1) 裁(衣)。《诗·豳风》:"～彼裳衣。"引申为制作。《孟子·梁惠王上》:"可使～梃以挞秦楚之坚甲利兵矣。"(2) 节制,控制,制止。《淮南子·修务》:"(马)翘尾而走,人不能～。"(3) 制度。《左传·隐公元年》:"今京不度,非～也。"(4) 人君的教令。《礼记·曲礼》:"士死～。"《史记·秦始皇本纪》:"命为～,令为诏。"(5)《礼》丧服有四制,后以守父母之丧为"守制"。

製　zhì　征例切,去声。

(1) 裁制衣服。《离骚》:"～芰荷以为衣兮,集芙蓉以为裳。"用作名词,指衣服的形制、样式。《汉书·叔孙通传》:"服短衣,楚～。"(2) 制造,制作。杜甫《高柟》:"近根开药圃,接叶

～茅亭。"(3) 写作,著述。汉蔡琰《胡笳十八拍》:"～兹八拍兮拟排忧。"又指文章、著作。《宋书·谢灵运传》:"至于先士茂～,讽高历赏。"(4) 通"致"。仪态,风度。《新唐书·张易之传》:"既冠,顾哲美姿～,音伎多所通晓。"

【辨析】

两字同音同源。

《说文》:"制,裁也。"又"製,裁衣也"。又"裁,製衣也"。制与製都有制衣之义;但许君释"制"、"製"二字的一字之差,似乎已隐含其意义的细微差别,即"制"趋抽象,"製"趋具体。做衣服自有各道工序,起初制和製只指其第一道工序,即剪裁。《韩非子》:"管仲善制割,宾胥无善削缝,隰朋善纯缘。"这里列出了剪裁(制割)、缝纫(削缝)、镶边(纯缘)三道工序,各有其高手。后来"製"的词义扩大,遂泛指一切制作了。

制,先秦多与"折"通假。如《吕刑》的"制以刑",《墨子》作"折以刑";《论语》的"片言可以折狱",又作"片言可以制狱",等等。这样的"制"显然已不是具体的制作,而是抽象的制裁、制止、节制、控制等意义了。由此又可引申为制度、教令等义。

製的意义,则向具体的制作倾斜,多用于具体的制造、写作、著述等。因为帝王的教令称为"制",所以文人的著作不得不叫作"製",谁也不敢去和皇上别苗头。即便是大作家的"鸿篇巨製",也没人敢用"制"字。虽说这已是政治话题,但政治有时确也管到文字(参看"庄"条)。古代的"製"还有雨衣之义,而且还是油布衣,如《左传》:"成子衣製杖戈"之製,即指此。草编的雨衣另叫"衰",即我们较熟悉的"蓑衣"。中国古代的文明程度,由此也可见一斑。

以制代製,在今天当然没有任何问题。

种/種

【释字】

种 chóng　直弓切,平声。

姓。东汉有～暠。

種 1. zhǒng　之陇切,上声。

(1) 谷物的种子。《墨子·尚贤中》:"稷隆播～,农殖嘉谷。"引申为凡生物之子曰种。《史记·陈涉世家》:"王侯将相宁有～乎!"引申为族类。《史记·外戚世家》:"女不必贵～,要之贞好。"引申为事物的类别。《汉书·艺文志》:"序六艺为九～。"(2) 通"腫"。《庄子·让王》:"颜色～哈,手足胼胝。"

2. zhòng　之用切,去声。

通"種"。栽种。《吕氏春秋·用民》:"夫～麦得麦,～稷得稷,人不怪也。"又为培植。《新唐书·裴度传》:"内结宦官,～支党。"又为养殖。苏轼《次韵送张山人归彭城》:"何日五湖从范蠡,～鱼万尾橘千头。"

3. chóng　传容切,平声。

早种晚熟的谷类。《说文》:"～,先穜后孰也。"借"種"为"種"。

【按】《说文》穜、種有别。"穜,孰也。""種,先穜后孰也。"

【辨析】

"种"在古代只作姓氏,音丛。《水浒传》中的"大种经略相公"、

"小种经略相公",便是种世衡父子。

种作为種的简化字,可视同借形。显然,种作姓氏是不能反推的。

众/衆

【释字】

众 yín 音吟。

同"乑"。《龙龛手鉴》:"～,衆立也。"

衆 zhòng 之仲切,去声。

同"眾"。(1)人多。《国语·周语上》:"人三为～。"《左传·隐公四年》:"～叛亲离,难以济矣。"引申为平常的、一般的。《史记·扁鹊仓公列传》:"～医皆以为蹙入中而刺之。"(2)用作状语。当众。《史记·魏其武安侯列传》:"今～辱程将军……"

【备考】 通"终"。副词,既。《诗·鄘风》:"许人尤之,～稺且狂。"

【辨析】

"衆",甲文作𦥑,像日出时众人相聚劳作之形,意义就是众、众人。"众人"据说是商代的自由民而不是奴隶。从甲骨文到楷书的衆,是一系列字式讹变的结果,与初文早已毫不相像了。

甲文也有两人或三人相随之形者,有释为"从"字,也有释为"比"字的,又怎么能断定就不会是"众"的另一形呢?事实上,衆字下半即是此形,而此形被隶定为"乑",即《龙龛》所载之字。不过,除了《龙龛》等字书,"众"字确也不见于典籍,但"三人为众"之说却又历代不绝。

众作为简化字,也是借形。今天看来,众比衆形象得多。

朱/硃

【释字】

朱　zhū　章俱切,平声。

(1) 树名。《说文》:"～,赤心木,松柏属。"(2) 大红色。《诗·豳风》:"我～孔阳,为公子裳。"引申为红色的物品。宋玉《登徒子好色赋》:"着粉则太白,施～则太赤。"《晋书·夏侯湛传》:"被～佩紫,耀金带白。"(3) 朱砂。《隋书·西域传》:"出赤盐如～,白盐如玉。"

硃　zhū　章俱切,平声。

后起字。(1) 朱砂。(2) 用朱墨写的文字。《明史·选举志》:"考试者用墨,谓之墨卷;誊录者用～,谓之～卷。"

【辨析】

朱,《说文》在木部,是一种松柏属的树木,赤心,颇类今天的红松。引申为大红色,又指红色的矿物朱砂。

硃是后起字,很明显是类化的产物(参见"胡"条)。朱砂是矿物,砂又从石,所以让朱也加了石旁。

以朱代硃,绝无问题,但作反推的余地极小。

烛/燭

【释字】

烛　chóng　持中切,平声。

同"爞"。旱热之气。《字汇》:"俗作燭字,非。"《集韵》:"爞,旱灼也。或省。"《广韵》:"爞,旱热。"

燭　zhú　之欲切,入声。

(1) 火炬。《仪礼·士丧礼》:"～俟于馔东。"后来指蜡烛。唐李商隐《夜雨寄内》:"何当共剪西窗～,却话巴山夜雨时。"
(2) 照。《庄子·天运》:"～之以日月之明。"引申为洞察。《韩非子·难三》:"明不能～远奸。"

【辨析】

　　烛,宋人释为"旱热",足见其字式宋代已有,而且《集韵》点明了它是"爞"的简化字(即所谓"或省",蟲字省为虫)。明代的《字汇》说"俗作燭字,非",且不论其是非,当时已有人将燭写成烛,肯定是事实。从中可见,文字的简便易写,历来大有人在追求。

　　如无宋人另有一义的简化,竟可直接将烛纳入"同燭"之俗字。

筑/築

【释字】

筑　1. zhú　张六切,入声。

古弦乐器名。《史记·游侠列传》:"高渐离击～,荆轲和而歌。"

2. zhú 直六切,入声。

(1)贵阳的别称。(2)水名。

築 zhù 张六切,入声。

(1)捣土的杵。《史记·秦始皇本纪》:"身自持～臿。"用为动词,指捣土使坚实。《诗·大雅》:"～之登登,削屡冯冯。"引申指修建。《墨子·非攻》:"遂～姑苏之台,七年不成。"用为名词,指筑成的居室。杜甫《畏人》:"畏人成小～,偏性合幽栖。"(2)击。《三国志·夏侯玄传》:"大将军怒,使勇士以刀环～腰杀之。"

【备考】 (1)拾取。《书·金滕》:"凡大木所偃,尽起而～之。"(2)通"柷"。切断。晋王褒《僮约》:"斫苏切脯,～肉臛芋。"(3)表示数量的名词。郑玄《周礼》注:"郁,草名。十叶为贯,百二十贯为～。"

【辨析】

两字同音,但古义完全不同。

筑是古代的一种弦乐器,状如古琴,十三弦。演奏时以左手控弦,右手持竹尺敲击,所以叫"击筑"。高渐离击筑,因荆轲刺秦王而大大出名。

築从木筑声,是一种捣土的木杵。中国古建筑叫做土木工程,比如墙和台基大都以土筑成,築就是用来将土捣结实的主要工具。筑墙的主要器具一是板,即用来使土成形的夹板;二便是築,用来将夹板间的土捣实。古文所谓"板(版)築",指的就是这一工作(参见"板"条)。至今这种工作还可以在边远地区或农村见到。由此引申为修建、建筑或建筑物。杵用于捣土,自然也可打人,就像美国人的棒球棍,于是又有了打击之义。

像这样的两个字,在阅读古籍,以至作反推时,必须注意区别。

庄/莊

【释字】

庄　1. péng　薄萌切,平声。

平。《广韵》:"～,平也。"

2. zhuāng　侧羊切,平声。

同"莊"。《正字通》:"莊,田舍曰莊。俗作～。"

莊　zhuāng　侧羊切,平声。

(1) 草壮大的样子。《说文》段注:"～,草大也。"引申为盛大。

(2) 道路,大路。《尔雅》:"一达谓之道路……五达谓之康,六达谓之～。"《左传·襄公二十八年》:"得庆氏之木百车于～。"杜预注:"积于六轨之道。"(3) 庄重,庄严。《论语·为政》:"临之以～,则敬。"(4) 庄园,村庄(后起义)。杜甫《怀锦水居止》:"万里桥西宅,百花潭北～。"(5) 通"装"(妆)。装饰,打扮。《史记·司马相如列传》:"靓～刻饰。"

【辨析】

庄,宋人释为"平也",意为平坦,但无用例。

明清之际的《正字通》已将庄列为莊的俗字,至今也数百年了。今简莊为庄,也属从俗。

许慎著《说文》,是我国文字学上一件划时代的大事。但他在碰到"莊"时只用了两个字:"上讳",于其字义竟不置一词。原来汉明帝叫刘庄,碰到这样的"讳",连字典也要噤口。同样,许君在写《说文》之前东汉的另两个皇帝,光武帝刘秀和章帝刘炟的名字"秀"、"炟",也照此办理。幸亏对于西汉诸帝,东汉人并不避讳,不然《说文》缺解之字会更多。

专制帝王对于文字的影响,几乎与封建社会相始终。除了繁多的避讳等花样之外,竟有直接改字的。比如犯罪的"罪"字,《说文》的解字就大有文章:"罪,捕鱼竹网。从网,非声。秦以为辠字。"原来"罪"字的本义是一种捕鱼的竹网,字的上部是形旁网,下部是声旁非,是个典型的形声字,应读作非。而犯罪的罪本作"辠",上部的自就是鼻子,下部的辛则是刀子之类的刑具(参见"辟"条),拿刀割鼻,本是古代"五刑"之一的"劓"刑,以刑治罪,是个典型的会意字。据宋人张淳《文字音义》载:"(秦)始皇以辠字似皇,乃改为罪。按经典多出秦后,故皆作罪,罪之本义,少见于竹帛。"将辠字改成罪字,原因竟是辠的"长相"太像皇字!从此以后,罪的本义几乎无人知晓,而且读音也从了辠,不再"非声"了。尽管好古的班固在《汉书》中坚持用"辠"字,但后人反大多不认得,要去看注或查字书了。段玉裁说:"此志改字之始也,古有假借而无改字。……始皇易形声为会意,而汉后经典多从之,非古也。"他认定这是中国有记载的凭借政治势力改字的第一例,姑存以备考。不过非古归非古,事到如今,"罪"的地位早已根深蒂固,又能怎么样呢?

【附录一】 简化字中的旧有俗字

办(辦)　　笔(筆)　　滗(潷)　　尘(塵)　　辞(辭)　　从(從)

枞(樅)　　处(處)　　断(斷)　　尔(爾)　　迩(邇)　　凤(鳳)

抚(撫)　　盖(蓋)　　构(構)　　号(號)　　画(畫)　　虮(蟣)

尽(盡)　　壳(殼)　　垒(壘)　　类(類)　　累(纍)　　礼(禮)

丽(麗)　　恋(戀)　　粮(糧)　　灵(靈)　　炉(爐)　　栾(欒)

脔(臠)　　乱(亂)　　罗(羅)　　蛮(蠻)　　麦(麥)　　霉(黴)

梦(夢)　　弥(彌)　　猕(獼)　　庙(廟)　　鼋(黿)　　扑(撲)

迁(遷)　　声(聲)　　属(屬)　　双(雙)　　耸(聳)　　虽(雖)

棠(糶)　　无(無)　　芜(蕪)　　玺(璽)　　献(獻)　　衅(釁)

阳(陽)　　阴(陰)　　与(與)　　渊(淵)　　灶(竈)　　斋(齋)

毡(氈)　　嘱(囑)　　瞩(矚)　　壮(壯)　　准(準)　　邹(鄒)

【附录二】　简化字总表

(1986 年 6 月 24 日国务院批准重新发表)

关于重新发表《简化字总表》的说明

为纠正社会用字混乱,便于群众使用规范的简化字,经国务院批准重新发表原中国文字改革委员会于 1964 年编印的《简化字总表》。

原《简化字总表》中的个别字,作了调整。"叠"、"覆"、"像"、"囉"不再作"迭"、"复"、"象"、"罗"的繁体字处理。因此,在第一表中删去了"迭[叠]"、"象[像]","复"字字头下删去繁体字[覆]。在第二表"罗"字字头下删去繁体字[囉],"囉"依简化偏旁"罗"类推简化为"啰"。"瞭"字读"liǎo"(了解)时,仍简作"了",读"liào"(瞭望)时作"瞭",不简作"了"。此外,对第一表"余[餘]"的脚注内容作了补充,第三表"讠"下偏旁类推字"雠"字加了脚注。

汉字的形体在一个时期内应当保持稳定,以利应用。《第二次汉字简化方案(草案)》已经国务院批准废止。我们要求社会用字以《简化字总表》为标准:凡是在《简化字总表》中已经被简化了的繁体字,应该用简化字而不用繁体字;凡是不符合《简化字总表》规定的简化字,包括《第二次汉字简化方案(草案)》的简化字和社会上流行的各种简化字,都是不规范的简化字,应当停止使用。希望各级语言文字工作部门和文化、教育、新闻等部门多作宣传,采取各种措施,引导大家逐渐用好规范的简化字。

国家语言文字工作委员会
1986 年 10 月 10 日

第一表　不作简化偏旁用的简化字

本表共收简化字 350 个,按读音的拼音字母顺序排列。本表的简化字都不得作简化偏旁使用。

A	补[補]	迟[遲]	递[遞]	奋[奮]
		冲[衝]	点[點]	粪[糞]
	C	丑[醜]	淀[澱]	凤[鳳]
碍[礙]		出[齣]	电[電]	肤[膚]
肮[骯]	才[纔]	础[礎]	冬[鼕]	妇[婦]
袄[襖]	蚕[蠶]①	处[處]	斗[鬥]	复[復]
	灿[燦]	触[觸]	独[獨]	[複]
B	层[層]	辞[辭]	吨[噸]	
	搀[攙]	聪[聰]	夺[奪]	**G**
坝[壩]	谗[讒]	丛[叢]	堕[墮]	
板[闆]	馋[饞]			盖[蓋]
办[辦]	缠[纏]②	**D**	**E**	干[乾]③
帮[幫]	忏[懺]			[幹]
宝[寶]	偿[償]	担[擔]	儿[兒]	赶[趕]
报[報]	厂[廠]	胆[膽]		个[個]
币[幣]	彻[徹]	导[導]	**F**	巩[鞏]
毙[斃]	尘[塵]	灯[燈]		沟[溝]
标[標]	衬[襯]	邓[鄧]	矾[礬]	构[構]
表[錶]	称[稱]	敌[敵]	范[範]	购[購]
别[彆]	惩[懲]	籴[糴]	飞[飛]	谷[穀]
卜[蔔]			坟[墳]	

---

① 蚕:上从天,不从夭。
② 缠:右从厘,不从厘。
③ 乾坤、乾隆的乾读 qián(前),不简化。

顾[顧]	环[環]	硷[礆]	卷[捲]	垒[壘]
刮[颳]	还[還]	舰[艦]		类[類]⑤
关[關]	回[迴]	姜[薑]	**K**	里[裏]
观[觀]	伙[夥]②	浆[漿]③	开[開]	礼[禮]
柜[櫃]	获[獲]	桨[槳]	克[剋]	隶[隸]
	[穫]	奖[獎]	垦[墾]	帘[簾]
H		讲[講]	恳[懇]	联[聯]
汉[漢]	**J**	酱[醬]	夸[誇]	怜[憐]
号[號]	击[擊]	胶[膠]	块[塊]	炼[煉]
合[閤]	鸡[鷄]	阶[階]	亏[虧]	练[練]
轰[轟]	积[積]	疖[癤]	困[睏]	粮[糧]
后[後]	极[極]	洁[潔]		疗[療]
胡[鬍]	际[際]	借[藉]④	**L**	辽[遼]
壶[壺]	继[繼]	仅[僅]	腊[臘]	了[瞭]⑥
沪[滬]	家[傢]	惊[驚]	蜡[蠟]	猎[獵]
护[護]	价[價]	竞[競]	兰[蘭]	临[臨]⑦
划[劃]	艰[艱]	旧[舊]	拦[攔]	邻[鄰]
怀[懷]	歼[殲]	剧[劇]	栏[欄]	岭[嶺]⑧
坏[壞]①	茧[繭]	据[據]	烂[爛]	庐[廬]
欢[歡]	拣[揀]	惧[懼]	累[纍]	芦[蘆]

① 不作坏。坏是砖坯的坯，读 pī(批)，坏坯二字不可互混。
② 作多解的夥不简化。
③ 浆、桨、奖、酱：右上角从夕，不从夕或⺕。
④ 藉口、凭藉的藉简化作借，慰藉、狼藉等的藉仍用藉。
⑤ 类：下从大，不从犬。
⑥ 瞭：读 liǎo(了解)时，仍简作了，读 liào(瞭望)时作瞭，不简作了。
⑦ 临：左从一短竖一长竖，不从丨。
⑧ 岭：不作岑，免与岑混。

炉[爐]	脑[腦]	[纖]③	伞[傘]	苏[蘇]
陆[陸]	拟[擬]	窍[竅]	丧[喪]	[囌]
驴[驢]	酿[釀]	窃[竊]	扫[掃]	虽[雖]
乱[亂]	疟[瘧]	寝[寢]	涩[澀]	随[隨]
		庆[慶]④	晒[曬]	
M	**P**	琼[瓊]	伤[傷]	**T**
么[麼]①	盘[盤]	秋[鞦]	舍[捨]	台[臺]
霉[黴]	辟[闢]	曲[麯]	沈[瀋]	[檯]
蒙[矇]	苹[蘋]	权[權]	声[聲]	[颱]
[濛]	凭[憑]	劝[勸]	胜[勝]	态[態]
[懞]	扑[撲]	确[確]	湿[濕]	坛[壇]
梦[夢]	仆[僕]②		实[實]	[罎]
面[麵]	朴[樸]	**R**	适[適]⑤	叹[嘆]
庙[廟]		让[讓]	势[勢]	誊[謄]
灭[滅]	**Q**	扰[擾]	兽[獸]	体[體]
蔑[衊]	启[啓]	热[熱]	书[書]	粜[糶]
亩[畝]	签[籤]	认[認]	术[術]⑥	铁[鐵]
	千[韆]		树[樹]	听[聽]
N	牵[牽]	**S**	帅[帥]	厅[廳]⑦
恼[惱]	纤[縴]	洒[灑]	松[鬆]	头[頭]

---

① 读me轻声。读yāo(夭)的么应作幺(幺本字)。应作呦。麽读mó(摩)时不简化，如幺麽小丑。

② 前仆后继的仆读pū(扑)。

③ 纤维的纤读xiān(先)。

④ 庆：从大，不从犬。

⑤ 古人南宫适、洪适的适(古字罕用)读kuò(括)。此适字本作适，为了避免混淆，可恢复本字适。

⑥ 中药苍术、白术的术读zhú(竹)。

⑦ 厅：从厂，不从广。

图[圖]	[繫]②	**Y**	踊[踴]	赃[臟]
涂[塗]	戏[戲]		忧[憂]	脏[臟]
团[團]	虾[蝦]	压[壓]⑤	优[優]	[髒]
[糰]	吓[嚇]③	盐[鹽]	邮[郵]	凿[鑿]
椭[橢]	咸[鹹]	阳[陽]	余[餘]⑦	枣[棗]
	显[顯]	养[養]	御[禦]	灶[竈]
W	宪[憲]	痒[癢]	吁[籲]⑧	斋[齋]
	县[縣]④	样[樣]	郁[鬱]	毡[氈]
洼[窪]	响[響]	钥[鑰]	誉[譽]	战[戰]
袜[襪]①	向[嚮]	药[藥]	渊[淵]	赵[趙]
网[網]	协[協]	爷[爺]	园[園]	折[摺]⑨
卫[衛]	胁[脅]	叶[葉]⑥	远[遠]	这[這]
稳[穩]	亵[褻]	医[醫]	愿[願]	征[徵]⑩
务[務]	衅[釁]	亿[億]	跃[躍]	症[癥]
雾[霧]	兴[興]	忆[憶]	运[運]	证[證]
	须[鬚]	应[應]	酝[醞]	只[隻]
X	悬[懸]	痈[癰]		[祇]
牺[犧]	选[選]	拥[擁]	**Z**	致[緻]
习[習]	旋[鏇]	佣[傭]	杂[雜]	制[製]
系[係]				

---

① 袜:从末,不从未。
② 系带子的系读 jì(计)。
③ 恐吓的吓读 hè(赫)。
④ 县:七笔。上从且。
⑤ 压:六笔。土的右旁有一点。
⑥ 叶韵的叶读 xié(协)。
⑦ 在余和馀意义可能混淆时,仍用馀。如文言句"馀年无多"。
⑧ 喘吁吁,长吁短叹的吁读 xū(虚)。
⑨ 在折和摺意义可能混淆时,摺仍用摺。
⑩ 宫商角徵羽的徵读 zhǐ(止),不简化。

钟[鐘]	众[衆]	筑[築]	装[裝]	浊[濁]
［鍾］	昼[晝]	庄[莊]①	壮[壯]	总[總]
肿[腫]	朱[硃]	桩[樁]	状[狀]	钻[鑽]
种[種]	烛[燭]	妆[妝]	准[準]	

第二表　可作简化偏旁用的
简化字和简化偏旁

　　本表共收简化字 132 个和简化偏旁 14 个。简化字按读音的拼音字母顺序排列,简化偏旁按笔数排列。

A	C		D	E	G
		审[審]		对[對]	
				队[隊]	
爱[愛]	参[參]				冈[岡]
	仓[倉]	达[達]			广[廣]
B	产[産]	带[帶]		尔[爾]	归[歸]
罢[罷]	长[長]②	单[單]			龟[龜]
备[備]	尝[嘗]③	当[當]	F		国[國]
贝[貝]	车[車]	［噹］	发[發]		过[過]
笔[筆]	齿[齒]	党[黨]	［髮］		H
毕[畢]	虫[蟲]	东[東]	丰[豐]④		
边[邊]	刍[芻]	动[動]	风[風]		华[華]
宾[賓]	从[從]	断[斷]			画[畫]

---

① 庄:六笔。土的右旁无点。
② 长:四笔。笔顺是:ノ二 ⻓长。
③ 尝:不是赏的简化字。赏的简化字是赏(见第三表)。
④ 四川省酆都县已改丰都县。姓酆的酆不简化作邦。

汇[匯]	举[舉]	娄[婁]	鼋[黿]⑥	亲[親]
[彙]		卢[盧]		穷[窮]
会[會]	**K**	虏[虜]	**N**	区[區]⑨
	壳[殼]②	卤[鹵]	难[難]	
J		[滷]	鸟[鳥]⑦	**S**
	L	录[録]	聂[聶]	啬[嗇]
几[幾]	来[來]	虑[慮]	宁[寧]⑧	杀[殺]
夹[夾]	乐[樂]	仑[侖]	农[農]	审[審]
戋[戔]	离[離]	罗[羅]		圣[聖]
监[監]	历[歷]		**Q**	师[師]
见[見]	[曆]	**M**	齐[齊]	时[時]
荐[薦]	丽[麗]③	马[馬]④	岂[豈]	寿[壽]
将[將]①	两[兩]	买[買]	气[氣]	属[屬]
节[節]	灵[靈]	卖[賣]⑤	迁[遷]	双[雙]
尽[盡]	刘[劉]	麦[麥]	金[僉]	肃[肅]⑩
[儘]	龙[龍]	门[門]	乔[喬]	岁[歲]

---

① 将:右上角从夕,不从夕或⺍。
② 壳:几上没有一小横。
③ 丽:七笔。上边一横,不作两小横。
④ 马:三笔。笔顺是:ㄱ马马。上部向左稍斜,左上角开口,末笔作左偏旁时改作平挑。
⑤ 卖:从十从买,上不从士或土。
⑥ 鼋:从口从电。
⑦ 鸟:五笔。
⑧ 作门屏之间解的宁(古字罕用)读 zhù(柱)。为避免此宁字与宁的简化字混淆,原读 zhù 的宁作㝉。
⑨ 区:不作区。
⑩ 肃:中间一竖下面的两边从八,下半中间不从米。

		尧[堯]⑤		纟[糹]
孙[孫]	**X**	业[業]	**Z**	収[𡈼]
T		页[頁]	郑[鄭]	芦[𤇾]
	献[獻]	义[義]⑥	执[執]	临[臨]
条[條]①	乡[鄉]	艺[藝]	质[質]	只[戠]
	写[寫]④	阴[陰]	专[專]	钅[釒]⑩
W	寻[尋]	隐[隱]		学[𦥯]
		犹[猶]	**简化偏旁**	𦍌[睪]⑪
万[萬]	**Y**	鱼[魚]		圣[巠]
为[爲]		与[與]	讠[言]⑦	亦[繼]
韦[韋]	亚[亞]	云[雲]	饣[食]⑧	呙[咼]
乌[烏]②	严[嚴]		易[易]⑨	
无[無]③	厌[厭]			

第三表　应用第二表所列简化字和

简化偏旁得出来的简化字

本表共收简化字 1 753 个(不包含重见的字。例如"缆"分见"纟、览、见"三部,只算一字),以第二表中的简化字和简化偏旁作部首,按第二表的顺序排列。同一部首中的简化字,按笔数排列。

---

① 条:上从夕,三笔,不从夂。
② 乌:四笔。
③ 无:四笔。上从二,不可误作旡。
④ 写:上从宀,不从宀。
⑤ 尧:六笔。右上角无点,不可误作尧。
⑥ 义:从乂(读 yì)加点,不可误作叉(读 chā)。
⑦ 讠:二笔。不作讠。
⑧ 饣:三笔。中一横折作𠃍,不作丶或点。
⑨ 易:三笔。
⑩ 钅:第二笔是一短横,中两横;竖折不出头。
⑪ 睪丸的睪读 gāo(高),不简化。

爱

嗳[噯]

媛[嬡]

瑷[璦]

暧[曖]

罢

摆[擺]

[襬]

罴[羆]

耀[糶]

备

惫[憊]

贝

贞[貞]

则[則]

负[負]

贡[貢]

呗[唄]

员[員]

财[財]

狈[狽]

责[責]

厕[厠]

贤[賢]

账[賬]

贩[販]

贬[貶]

败[敗]

贮[貯]

贪[貪]

贫[貧]

侦[偵]

侧[側]

货[貨]

贯[貫]

测[測]

浈[湞]

恻[惻]

贰[貳]

贲[賁]

贳[貰]

费[費]

郧[鄖]

勋[勛]

帧[幀]

贴[貼]

觇[覘]

贻[貽]

贱[賤]

贩[販]

贵[貴]

钡[鋇]

贷[貸]

贸[貿]

贺[賀]

陨[隕]

涢[溳]

资[資]

祯[禎]

贾[賈]

损[損]

赀[貲]

埙[塤]

桢[楨]

唝[嗊]

唢[嗩]

赅[賅]

圆[圓]

贼[賊]

贿[賄]

赆[贐]

赂[賂]

债[債]

赁[賃]

渍[漬]

惯[慣]

琐[瑣]

赉[賚]

匮[匱]

掼[摜]

殒[殞]

勚[勩]

赈[賑]

婴[嬰]

喷[噴]

赊[賒]

帻[幘]

偾[僨]

铡[鍘]

绩[績]

溃[潰]

滪[澦]

赓[賡]

愦[憒]

愤[憤]

赍[賫]

赟[贇]

葳[葳]

腈[腈]

赔[賠]

赕[賧]

遗[遺]

赋[賦]

喷[噴]

赌[賭]

赎[贖]

赏[賞]①

赐[賜]

赒[賙]

锁[鎖]

馈[饋]

赖[賴]

赪[赬]

碛[磧]

殡[殯]

赗[賵]

---

① 赏：不可误作尝。尝是嘗的简化字（见第二表）。

腻[膩]
赛[賽]
襀[襀]
赘[贅]
撄[攖]
槚[櫝]
嘤[嚶]
赚[賺]
赙[賻]
罂[罌]
镄[鐨]
箦[簀]
鲗[鰂]
缨[纓]
璎[瓔]
聩[聵]
樱[櫻]
赜[賾]
篑[簣]
濑[瀨]
瘿[癭]
懒[懶]
赝[贋]
豮[豶]
赠[贈]
鹦[鸚]
獭[獺]
赞[贊]
赢[贏]
赡[贍]
癞[癩]
攒[攢]
籁[籟]
缵[纘]
瓒[瓚]
臜[臢]
赣[贛]
趱[趲]
躜[躦]
戆[戇]

笔

滗[潷]

毕

荜[蓽]
哔[嗶]
筚[篳]
跸[蹕]

边

笾[籩]

宾

傧[儐]
滨[濱]
摈[擯]
嫔[嬪]
缤[繽]
殡[殯]
槟[檳]
膑[臏]
镔[鑌]
髌[髕]
鬓[鬢]

参

渗[滲]
惨[慘]
掺[摻]
骖[驂]
毵[毿]
瘆[瘮]
碜[磣]
穇[穇]
糁[糝]

仓

伧[傖]
创[創]
沧[滄]
怆[愴]
苍[蒼]
抢[搶]
呛[嗆]
炝[熗]
玱[瑲]
枪[槍]
戗[戧]
疮[瘡]
鸧[鶬]
舱[艙]
跄[蹌]

产

浐[滻]
萨[薩]
铲[鏟]

长

伥[倀]
怅[悵]
帐[帳]
张[張]
枨[棖]
账[賬]
胀[脹]
涨[漲]

尝

鲿[鱨]

车

轧[軋]
军[軍]
轨[軌]
厍[厙]
阵[陣]
库[庫]
连[連]
轩[軒]
诨[諢]
郓[鄆]
轫[軔]
轭[軛]
匦[匭]
转[轉]
轮[輪]
斩[斬]
软[軟]
浑[渾]
恽[惲]
砗[硨]

轶[軼]　辄[輒]　舆[輿]　伧[傖]　**带**

轲[軻]　辆[輛]　辘[轆]　邹[鄒]　滞[滯]

轱[軲]　堑[塹]　撵[攆]　驺[騶]　**单**

轷[軤]　啭[囀]　鲢[鰱]　绉[縐]　郸[鄲]

轻[輕]　崭[嶄]　辙[轍]　皱[皺]　惮[憚]

轳[轤]　裤[褲]　錾[鏨]　趋[趨]　阐[闡]

轴[軸]　裢[褳]　鳞[鱗]　雏[雛]　掸[撣]

挥[揮]　辇[輦]　**齿**　**从**　弹[彈]

荤[葷]　辋[輞]　龇[齜]　苁[蓯]　婵[嬋]

轹[轢]　辍[輟]　啮[嚙]　纵[縱]　禅[禪]

轸[軫]　辊[輥]　龆[齠]　枞[樅]　殚[殫]

轺[軺]　桨[槳]　龅[齙]　怂[慫]　瘅[癉]

涟[漣]　辎[輜]　龃[齟]　耸[聳]　蝉[蟬]

珲[琿]　暂[暫]　龄[齡]　**窜**　箪[簞]

载[載]　辉[輝]　龇[齜]　撺[攛]　蕲[蘄]

莲[蓮]　辈[輩]　龈[齦]　镩[鑹]　辗[輾]

较[較]　链[鏈]　龉[齬]　蹿[躥]　**当**

轼[軾]　翚[翬]　龊[齪]　**达**　挡[擋]

轾[輊]　辏[輳]　龌[齷]　达[達]　档[檔]

辂[輅]　辐[輻]　龈[齲]　闼[闥]　裆[襠]

轿[轎]　辑[輯]　**虫**　挞[撻]　铛[鐺]

晕[暈]　输[輸]　蛊[蠱]　哒[噠]　**党**

渐[漸]　毂[轂]　**刍**　跶[躂]　谠[讜]

惭[慚]　辔[轡]　

靫[鞁]　辖[轄]　诌[謅]

琏[璉]　辕[轅]

辅[輔]　辗[輾]

傥[儻]	祢[禰]	飘[飄]	**国**	侩[儈]
锐[鑯]	玺[璽]	飙[飆]	掴[摑]	浍[澮]
东	猕[獼]	**冈**	帼[幗]	荟[薈]
冻[凍]	**发**	刚[剛]	腘[膕]	哙[噲]
陈[陳]	泼[潑]	㧟[搁]	蝈[蟈]	狯[獪]
岽[崬]	废[廢]	岗[崗]	**过**	绘[繪]
栋[棟]	拨[撥]	纲[綱]	挝[撾]	烩[燴]
胨[腖]	钹[鏺]	枫[楓]	**华**	桧[檜]
鸫[鶇]	**丰**	钢[鋼]	哗[嘩]	脍[膾]
动	沣[灃]	**广**	骅[驊]	鲙[鱠]
恸[慟]	艳[艷]	邝[鄺]	烨[燁]	**几**
断	滟[灧]	圹[壙]	桦[樺]	讥[譏]
簖[籪]	**风**	扩[擴]	晔[曄]	叽[嘰]
对	讽[諷]	犷[獷]	铧[鏵]	饥[饑]
怼[懟]	沨[渢]	纩[纊]	**画**	机[機]
队	岚[嵐]	旷[曠]	婳[嫿]	玑[璣]
坠[墜]	枫[楓]	矿[礦]	**汇**	矶[磯]
尔	疯[瘋]	**归**	㧑[撝]	虮[蟣]
迩[邇]	飒[颯]	岿[歸]	**会**	**夹**
弥[彌]	砜[碸]	**龟**	刽[劊]	郏[郟]
[瀰]	飓[颶]	阄[鬮]	郐[鄶]	侠[俠]
	飔[颸]			陕[陝]
	飕[颼]			浃[浹]
	飗[飀]			挟[挾]
				荚[莢]

峡[峽] 尴[尷] 缆[纜]

举 **历**

狭[狹] 槛[檻] 窥[窺]

桦[樺] 沥[瀝]

怅[悵] 褴[襤] 榄[欖]

壳 坜[壢]

硖[硤] 篮[籃] 舰[艦]

悫[慤] 苈[藶]

铗[鋏] 觐[覲]

来 呖[嚦]

颊[頰] **见** 觑[覷]

涞[淶] 枥[櫪]

蛱[蛺] 苋[莧] 觎[覦]

莱[萊] 疠[癘]

瘗[瘞] 岘[峴] 髋[髖]

崃[崍] 雳[靂]

箧[篋] 觃[覎]

荐 徕[徠]

丽

规[規] 赉[賚]

戋 鞯[韉]

视[視] 睐[睞] 俪[儷]

视[視] **将** 铼[錸] 郦[酈]

划[劃] 规[規]

蒋[蔣] **乐** 逦[邐]

浅[淺] 现[現]

锵[鏘] 泺[濼] 骊[驪]

钱[錢] 枧[梘]

节 烁[爍] 鹂[鸝]

线[綫] 觅[覓]

栉[櫛] 栎[櫟] 酾[釃]

残[殘] 觉[覺]

尽 轹[轢] 鲡[鱺]

栈[棧] 砚[硯]

浕[濜] 砾[礫] **两**

贱[賤] 觇[覘]

荩[藎] 铄[鑠] 俩[倆]

盏[盞] 览[覽]

烬[燼] **离** 唡[啢]

钱[錢] 宽[寬]

赆[贐] 辆[輛]

笺[箋] 蚬[蜆]

进 漓[灕] 满[滿]

溅[濺] 觊[覬]

珒[璡] 篱[籬] 瞒[瞞]

践[踐] 笕[筧]

监 觍[覥]

颠[顛]

觐[覲]

滥[濫] 靓[靚] 螨[蟎]

蓝[藍] 搅[攪] 揽[攬]

魉[魎]	龚[龔]	髅[髏]	**仑**	驰[馳]
蒇[蕆]	宠[寵]	**卢**	论[論]	驯[馴]
蹒[蹣]	笼[籠]		伦[倫]	妈[媽]
	詟[讋]	泸[瀘]	沦[淪]	玛[瑪]
灵		垆[壚]	抡[掄]	驱[驅]
	娄	栌[櫨]	囵[圇]	驳[駁]
棂[欞]		轳[轤]	纶[綸]	码[碼]
	偻[僂]	胪[臚]	轮[輪]	驼[駝]
刘	溇[漊]	鸬[鸕]	瘪[癟]	驻[駐]
	蒌[蔞]	颅[顱]		驵[駔]
浏[瀏]	搂[摟]	舻[艫]	**罗**	驾[駕]
	嵝[嶁]	鲈[鱸]		驿[驛]
龙	喽[嘍]		萝[蘿]	驷[駟]
	缕[縷]	**虏**	啰[囉]	驶[駛]
陇[隴]	屦[屨]		逻[邏]	驹[駒]
泷[瀧]	数[數]	掳[擄]	猡[玀]	骀[駘]
宠[寵]	楼[樓]		椤[欏]	驸[駙]
庞[龐]	瘘[瘻]	**卤**	锣[鑼]	驽[駑]
垄[壟]	褛[褸]		箩[籮]	骂[罵]
拢[攏]	窭[窶]	鹾[鹺]		蚂[螞]
茏[蘢]	瞜[瞜]		**马**	笃[篤]
咙[嚨]	镂[鏤]	**录**		骇[駭]
珑[瓏]	屡[屢]		冯[馮]	骈[駢]
栊[櫳]	蝼[螻]	箓[籙]	驭[馭]	骁[驍]
奂[奐]	篓[簍]		闯[闖]	骄[驕]
昽[曨]	耧[耬]	**虑**	吗[嗎]	骅[驊]
胧[朧]	薮[藪]		犸[獁]	
砻[礱]	擞[擻]	滤[濾]	驮[馱]	
袭[襲]		摅[攄]		
聋[聾]				

		门	阎[閻]	裥[襇]
骆[駱]	羁[羈]		阐[闡]	阔[闊]
骊[驪]	骤[驟]	门[門]	阁[閣]	痫[癇]
骋[騁]	骥[驥]	闪[閃]	阀[閥]	鹇[鷳]
验[驗]	骧[驤]	们[們]	润[潤]	阕[闋]
骏[駿]	买	闭[閉]	涧[澗]	阒[闃]
骎[駸]		闯[闖]	悯[憫]	搁[擱]
骑[騎]	荬[蕒]	问[問]	阆[閬]	锏[鐧]
骐[騏]	卖	扪[捫]	阅[閱]	锏[鐧]
骒[騍]		闰[閏]	阃[閫]	阙[闕]
雅[雛]	读[讀]	闵[閔]	阉[闔]②	阖[闔]
骖[驂]	渎[瀆]	闷[悶]	阄[鬮]	阗[闐]
骗[騙]	续[續]	闰[閏]	娴[嫻]	椆[橺]
骘[騭]	椟[櫝]	闲[閑]	阏[閼]	简[簡]
骛[鶩]	觌[覿]	间[間]	阈[閾]	谰[讕]
骚[騷]	赎[贖]	闹[鬧]①	阉[閹]	阚[闞]
骞[騫]	犊[犢]	闸[閘]	阊[閶]	蔺[藺]
骜[驁]	牍[牘]	钔[鍆]	阁[閣]	澜[瀾]
蓦[驀]	窦[竇]	阂[閡]	阌[閿]	斓[斕]
腾[騰]	黩[黷]	闺[閨]	阅[閱]③	阑[闌]
骝[騮]	麦	闻[聞]	阐[闡]	谰[讕]
骗[騙]		闼[闥]	阁[閤]	镧[鑭]
骠[驃]	唛[嘜]	闽[閩]	焖[燜]	躏[躪]
骢[驄]	麸[麩]	闾[閭]	阑[闌]	
骡[騾]		闾[閭]		

---

①②③　門字头的字，一般也写作門字头，如鬧、閹、閿写作鬧、閹、閿。因此，这些門字头的字可简化作门字头。但鬥争的鬥应简作斗（见第一表）。

黾	鸽[鴿]	鸼[鵃]	鹤[鶴]	宁
	鸶[鷥]	鹈[鵜]	鹣[鶼]	
渑[澠]	莺[鶯]	鹇[鷴]	鹬[鷸]	泞[濘]
绳[繩]	鸪[鴣]	鹁[鵓]	鹊[鵲]	拧[擰]
鼋[黿]	捣[搗]	鹂[鸝]	鹏[鵬]	咛[嚀]
蝇[蠅]	鸰[鴒]	鹃[鵑]	鹒[鶊]	狞[獰]
鼍[鼉]	鸻[鴴]	鸽[鴿]	鹥[鷖]	柠[檸]
	鸭[鴨]	鸹[鴰]	鹦[鸚]	聍[聹]
难	莺[鶯]	鹅[鵝]	鹦[鸚]	
	鸮[鴞]	鹑[鶉]	鸷[鷙]	农
傩[儺]	鸲[鴝]	鹏[鵬]	鹓[鵷]	
滩[灘]	鸰[鴒]	鹄[鵠]	鹪[鷦]	侬[儂]
摊[攤]	鸳[鴛]	鹕[鶘]	鹐[鵮]	浓[濃]
瘫[癱]	鸵[鴕]	鹊[鵲]	鹈[鷉]	哝[噥]
	袅[裊]	鹆[鵒]	鹰[鷹]	脓[膿]
鸟	鸱[鴟]	鹔[鷫]	鹯[鸇]	
	鸶[鷥]	鹉[鵡]	鹭[鷺]	齐
凫[鳧]	鸴[鷽]	鹏[鵬]	鹏[鸍]	
鸠[鳩]	鸾[鸞]	鹆[鵒]	鹳[鸛]	剂[劑]
岛[島]	鸡[鷄]	鹚[鷀]	鹤[鶴]	侪[儕]
茑[蔦]	鸿[鴻]	鹕[鶘]		济[濟]
鸢[鳶]	鸷[鷙]	鹝[鶃]	聂	荠[薺]
鸣[鳴]	鸬[鸕]	鹠[鶹]		挤[擠]
枭[梟]	驾[駕]	鹗[鶚]	慑[懾]	脐[臍]
鸩[鴆]	鸼[鵃]	鹖[鶡]	滠[灄]	蛴[蠐]
鸦[鴉]	鸽[鴿]	鹙[鶖]	摄[攝]	跻[躋]
鸭[鴨]	鸽[鴿]	鹛[鶥]	嗫[囁]	霁[霽]
鸥[鷗]	鸹[鴰]	鹜[鶩]	镊[鑷]	鲚[鱭]
鸧[鶬]	鸺[鵂]	鹏[鷴]	颞[顳]	齑[齏]

岂

剀[剴]
凯[凱]
恺[愷]
闿[闓]
垲[塏]
桤[榿]
觊[覬]
硙[磑]
皑[皚]
铠[鎧]

气

忾[愾]
饩[餼]

迁

跹[躚]

佥

剑[劍]
俭[儉]
险[險]
捡[撿]
猃[獫]
验[驗]

检[檢]
殓[殮]
敛[斂]
脸[臉]
裣[襝]
睑[瞼]
签[簽]
潋[瀲]
蔹[蘞]

乔

侨[僑]
挢[撟]
荞[蕎]
峤[嶠]
骄[驕]
娇[嬌]
桥[橋]
轿[轎]
硚[礄]
矫[矯]
鞒[鞽]

亲

榇[櫬]

穷

劳[勞]

区

讴[謳]
伛[傴]
沤[漚]
怄[慪]
抠[摳]
奁[奩]
呕[嘔]
岖[嶇]
妪[嫗]
驱[驅]
枢[樞]
瓯[甌]
欧[歐]
殴[毆]
鸥[鷗]
眍[瞘]
躯[軀]

啬

蔷[薔]
墙[墻]
嫱[嬙]

樯[檣]
穑[穡]

杀

铩[鎩]

审

谉[讅]
婶[嬸]

圣

柽[檉]
蛏[蟶]

师

浉[溮]
狮[獅]
蛳[螄]
筛[篩]

时

埘[塒]
莳[蒔]
鲥[鰣]

寿

俦[儔]

涛[濤]
祷[禱]
焘[燾]
畴[疇]
铸[鑄]
筹[籌]
踌[躊]

属

嘱[囑]
瞩[矚]

双

叒[攪]

肃

萧[蕭]
啸[嘯]
潇[瀟]
箫[簫]
蟏[蠨]

岁

刿[劌]
哕[噦]
秽[穢]

孙

荪[蓀]
狲[猻]
逊[遜]

条

涤[滌]
绦[縧]
鲦[鰷]

万

厉[厲]
迈[邁]
励[勵]
疠[癘]
虿[蠆]
趸[躉]
砺[礪]
粝[糲]
蛎[蠣]

为

伪[僞]
沩[潙]
妫[嬀]

韦

讳[諱]
伟[偉]
闱[闈]
违[違]
苇[葦]
韧[韌]
帏[幃]
围[圍]
纬[緯]
炜[煒]
祎[禕]
玮[瑋]
鞁[韍]
涠[潿]
韩[韓]
韫[韞]
韪[韙]
韬[韜]

乌

邬[鄔]
坞[塢]
呜[嗚]
钨[鎢]

无

怃[憮]
庑[廡]
抚[撫]
芜[蕪]
呒[嘸]
妩[嫵]

献

谳[讞]

乡

芗[薌]
飨[饗]

写

泻[瀉]

寻

浔[潯]
荨[蕁]
挦[撏]
鲟[鱘]

亚

垩[堊]

监

垭[埡]
挜[掗]
哑[啞]
娅[婭]
恶[惡]
[噁]
氩[氬]
壶[壺]

严

俨[儼]
酽[釅]

厌

恹[懨]
餍[饜]
魇[魘]
餍[饜]
魇[魘]
黡[黶]

尧

侥[僥]
浇[澆]
挠[撓]
荛[蕘]
峣[嶢]

晓

哓[嘵]
娆[嬈]
骁[驍]
绕[繞]
饶[饒]
烧[燒]
桡[橈]
晓[曉]
硗[磽]
铙[鐃]
翘[翹]
蛲[蟯]
跷[蹺]

业

邺[鄴]

页

顶[頂]
顷[頃]
项[項]
顸[頇]
顺[順]
须[須]
顽[頑]
烦[煩]
顼[頊]

顽[頑]	额[額]	**艺**	鲫[鰂]	鲦[鰷]
顿[頓]	颜[顏]		稣[穌]	鲧[鯀]
顾[顧]	撷[擷]	呓[囈]	鲋[鮒]	橹[櫓]
颂[頌]	题[題]	**阴**	鲍[鮑]	氇[氌]
颂[頌]	颞[顳]		鲐[鮐]	鲸[鯨]
倾[傾]	颞[顳]	荫[蔭]	鲞[鮝]	鲭[鯖]
预[預]	缬[纈]	**隐**	鲞[鮝]	鲮[鯪]
庼[廎]	瀱[瀱]		鲚[鱭]	鲰[鯫]
硕[碩]	颠[顛]	瘾[癮]	鲛[鮫]	鲲[鯤]
颅[顱]	颠[顛]	**犹**	鲜[鮮]	鲻[鯔]
领[領]	颢[顥]		鲑[鮭]	鲳[鯧]
颈[頸]	颕[穎]	莸[蕕]	鲒[鮚]	鲱[鯡]
颇[頗]	嚣[囂]	**鱼**	鲔[鮪]	鲵[鯢]
颊[頰]	颢[顥]		鲟[鱘]	鲷[鯛]
颉[頡]	颤[顫]	刽[劊]	鲖[鮦]	鲶[鯰]
颍[潁]	巅[巔]	渔[漁]	鲖[鮦]	鲜[鮮]
颌[頜]	颥[顬]	鲂[魴]	鲙[鱠]	鳍[鰭]
颋[頲]	癫[癲]	鱿[魷]	鲨[鯊]	鳎[鰨]
滪[澦]	灏[灝]	鲁[魯]	噜[嚕]	鳋[鰠]
颐[頤]	鼙[鼙]	鲎[鱟]	鲡[鱺]	鳊[鯿]
颟[顢]	颥[顬]	蓟[薊]	鲠[鯁]	鲽[鰈]
频[頻]		鲆[鮃]	鲢[鰱]	鳁[鰮]
颓[頹]	**义**	鲅[鮁]	鲫[鯽]	鳃[鰓]
颌[領]	议[議]	鲄[魦]	鲥[鰣]	鳄[鰐]
颖[穎]	仪[儀]	鲈[鱸]	鲩[鯇]	镥[鑥]
颗[顆]	蚁[蟻]	鲇[鮎]	鲣[鰹]	鳅[鰍]
颗[顆]	蚁[蟻]	鲊[鮓]	鲤[鯉]	鳆[鰒]

鳇[鰉]	欤[歟]	转[轉]	讽[諷]	诓[誆]
鳌[鰲]	**云**	䏝[膞]	讹[訛]	诖[詿]
鹥[鷖]		砖[磚]	䜣[訢]	诘[詰]
䲢[騰]	芸[蕓]	啭[囀]	许[許]	诙[詼]
鳒[鰜]	昙[曇]	**讠**	论[論]	试[試]
鳍[鰭]	叆[靉]		讼[訟]	诗[詩]
鳎[鰨]	叇[靆]	计[計]	讻[訩]	诩[詡]
鳏[鰥]	**郑**	订[訂]	诂[詁]	净[諍]
鳑[鰟]		讣[訃]	诃[訶]	诠[詮]
癣[癬]	掷[擲]	讥[譏]	评[評]	诛[誅]
鳖[鱉]	踯[躑]	议[議]	诏[詔]	诔[誄]
鳙[鱅]	**执**	讨[討]	词[詞]	诟[詬]
鳛[鰼]		讧[訌]	译[譯]	诣[詣]
鳕[鱈]	垫[墊]	讦[訐]	诎[詘]	话[話]
鳔[鰾]	挚[摯]	记[記]	诇[詗]	诡[詭]
鳓[鰳]	贽[贄]	讯[訊]	诅[詛]	询[詢]
鳘[鰵]	鸷[鷙]	讪[訕]	识[識]	诚[誠]
鳗[鰻]	蛰[蟄]	训[訓]	诌[謅]	诞[誕]
鳝[鱔]	絷[縶]	讫[訖]	诋[詆]	浐[滻]
鳟[鱒]	**质**	访[訪]	诉[訴]	诮[誚]
鳞[鱗]		讶[訝]	诈[詐]	说[説]
鳜[鱖]	锧[鑕]	讳[諱]	诊[診]	诚[誠]
鳣[鱣]	踬[躓]	讵[詎]	诒[詒]	诬[誣]
鳢[鱧]	**专**	讴[謳]	诨[諢]	语[語]
与	传[傳]	诀[訣]	该[該]	诵[誦]
	抟[摶]	讷[訥]	详[詳]	罚[罰]
屿[嶼]		设[設]	诧[詫]	误[誤]

诰[誥]	诏[詔]	谥[謚]	谶[讖]	饺[餃]
诳[誑]	谂[諗]	谟[謨]	雠[讎]①	饫[飫]
诱[誘]	谛[諦]	谠[讜]	谳[讞]	饼[餅]
海[誨]	谙[諳]	谡[謖]	霭[靄]	饵[餌]
诶[誒]	谜[謎]	谢[謝]		饶[饒]
狱[獄]	谚[諺]	谣[謠]	ㄣ	蚀[蝕]
谊[誼]	谝[諞]	储[儲]	饥[饑]	饹[餎]
谅[諒]	谘[諮]	谪[謫]	饦[飥]	饽[餑]
谈[談]	谌[諶]	谫[譾]	饧[餳]	馁[餒]
谆[諄]	谎[謊]	谨[謹]	饨[飩]	饿[餓]
谇[誶]	谋[謀]	谬[謬]	饭[飯]	馆[館]
诤[諍]	谍[諜]	谩[謾]	饮[飲]	馄[餛]
请[請]	谐[諧]	谱[譜]	饫[飫]	馃[餜]
诺[諾]	谏[諫]	谮[譖]	饩[餼]	馅[餡]
诸[諸]	谓[謂]	谭[譚]	饪[飪]	馉[餶]
读[讀]	谑[謔]	谰[讕]	饬[飭]	馇[餷]
诼[諑]	谒[謁]	谲[譎]	饲[飼]	馈[饋]
诹[諏]	谔[諤]	谯[譙]	钱[錢]	馊[餿]
课[課]	谓[謂]	蔼[藹]	饰[飾]	馌[饁]
诽[誹]	谖[諼]	槠[櫧]	饱[飽]	馍[饃]
诿[諉]	谕[諭]	遣[譴]	饴[飴]	馎[餺]
谁[誰]	谥[謚]	谵[譫]	绌[絀]	馏[餾]
谀[諛]	谤[謗]	谳[讞]	饸[餄]	馑[饉]
调[調]	谦[謙]	辩[辯]	饷[餉]	馒[饅]

① 雠：用于校雠、雠定、仇雠等。表示仇恨、仇敌义时用仇。

徽[黴]	纣[紂]	线[綫]	绗[絎]	绿[綠]
馔[饌]	红[紅]	绀[紺]	给[給]	绰[綽]
馕[饢]	纪[紀]	绁[紲]	绘[繪]	绲[緄]
	纫[紉]	绂[紱]	绝[絕]	绳[繩]
㐅	纥[紇]	绋[紼]	绛[絳]	绯[緋]
	约[約]	绎[繹]	络[絡]	绶[綬]
汤[湯]	纨[紈]	经[經]	绚[絢]	绸[綢]
扬[揚]	级[級]	绍[紹]	绑[綁]	绷[綳]
场[場]	纺[紡]	组[組]	莼[蒓]	绺[綹]
旸[暘]	纹[紋]	细[細]	绠[綆]	维[維]
饧[餳]	纬[緯]	绌[紬]	绨[綈]	绵[綿]
炀[煬]	纭[紜]	绅[紳]	绡[綃]	缁[緇]
杨[楊]	纯[純]	织[織]	绢[絹]	缔[締]
肠[腸]	纰[紕]	绌[絀]	绣[綉]	编[編]
疡[瘍]	纽[紐]	终[終]	绥[綏]	缕[縷]
砀[碭]	纳[納]	绉[縐]	绦[縧]	缃[緗]
畅[暢]	纲[綱]	绐[紿]	鸶[鷥]	缂[緙]
钖[鍚]	纱[紗]	哟[喲]	综[綜]	缅[緬]
殇[殤]	纼[紖]	经[經]	绽[綻]	缘[緣]
荡[蕩]	纷[紛]	荮[葤]	绾[綰]	缉[緝]
烫[燙]	纶[綸]	荭[葒]	绻[綣]	缇[緹]
觞[觴]	纸[紙]	绞[絞]	绩[績]	缈[緲]
	纵[縱]	统[統]	绫[綾]	缗[緡]
纟	纾[紓]	绒[絨]	绪[緒]	缊[縕]
丝[絲]	纠[糾]	绕[繞]	续[續]	缌[緦]
纠[糾]	哟[喲]	绮[綺]	绮[綺]	缆[纜]
纩[纊]	绊[絆]	结[結]	缀[綴]	缓[緩]
纤[纖]				

缄[緘]	颉[頡]	荥[滎]	织[織]	钯[鈀]
缑[緱]	缭[繚]	荦[犖]	炽[熾]	钭[鈄]
缒[縋]	橼[櫞]	涝[澇]	职[職]	钙[鈣]
缎[緞]	疆[疆]	崂[嶗]	**钅**	钝[鈍]
辔[轡]	缳[繯]	莹[瑩]		钛[鈦]
缞[縗]	缲[繰]	捞[撈]	钆[釓]	钘[鈃]
缤[繽]	缱[繾]	唠[嘮]	钇[釔]	钮[鈕]
缟[縞]	缴[繳]	莺[鶯]	钉[釘]	钞[鈔]
缣[縑]	辫[辮]	萤[螢]	钋[釙]	钢[鋼]
缢[縊]	缵[纘]	营[營]	钌[釕]	钠[鈉]
缚[縛]	**収**	萦[縈]	针[針]	钡[鋇]
缙[縉]		痨[癆]	钊[釗]	铃[鈴]
缛[縟]	坚[堅]	嵘[嶸]	钗[釵]	钧[鈞]
缜[縝]	贤[賢]	铙[鐃]	钎[釺]	钩[鈎]
缝[縫]	肾[腎]	耢[耮]	钓[釣]	钦[欽]
缡[縭]	竖[豎]	蝾[蠑]	钏[釧]	钨[鎢]
潍[濰]	悭[慳]		钍[釷]	铋[鉍]
缩[縮]	紧[緊]	**収**	钐[釤]	钰[鈺]
缥[縹]	铿[鏗]	览[覽]	钒[釩]	钱[錢]
缪[繆]	鲣[鰹]	揽[攬]	钖[鍚]	钲[鉦]
缦[縵]	**艹**	缆[纜]	钕[釹]	钳[鉗]
缨[纓]		榄[欖]	钔[鍆]	钴[鈷]
缧[縲]	劳[勞]	鉴[鑒]	钬[鈥]	铖[鋮]
缫[繅]	茕[煢]	**只**	钫[鈁]	钵[鉢]
蕴[蘊]	茔[塋]		环[鈈]	钹[鈸]
缮[繕]	荧[熒]	识[識]	钑[鈒]	钼[鉬]
缯[繒]	荣[榮]	帜[幟]	钪[鈧]	钾[鉀]

铀[鈾]	铵[銨]	锌[鋅]	锂[鋰]	锲[鍥]
钿[鈿]	衔[銜]	锐[銳]	锁[鎖]	锵[鏘]
铎[鐸]	铲[鏟]	锑[銻]	锘[鍩]	锷[鍔]
钹[鏺]	铰[鉸]	银[鋃]	锞[錁]	锶[鍶]
铃[鈴]	铳[銃]	铺[鋪]	锭[錠]	锴[鍇]
铅[鉛]	铱[銥]	铸[鑄]	锗[鍺]	锾[鍰]
铂[鉑]	铓[鋩]	嵌[嵌]	锝[鍀]	锹[鍬]
铄[鑠]	铗[鋏]	锓[鋟]	锫[錇]	锿[鎄]
铆[鉚]	铐[銬]	铿[鋥]	错[錯]	锢[錮]
铍[鈹]	铡[鍘]	链[鏈]	锚[錨]	镀[鑹]
钶[鈳]	铙[鐃]	铿[鏗]	锛[錛]	锻[鍛]
铊[鉈]	银[銀]	锏[鐧]	锯[鋸]	锰[錳]
钽[鉭]	铛[鐺]	销[銷]	锰[錳]	锼[鎪]
铌[鈮]	铜[銅]	锁[鎖]	锢[錮]	锌[錞]
钜[鉅]	铝[鋁]	锄[鋤]	锟[錕]	镓[鎵]
铈[鈰]	铡[鍘]	锅[鍋]	锡[錫]	锐[鑺]
铉[鉉]	铠[鎧]	锉[銼]	锣[鑼]	镔[鑌]
铒[鉺]	铨[銓]	锈[銹]	锤[錘]	镒[鎰]
铑[銠]	铢[銖]	锋[鋒]	锥[錐]	镉[鎘]
铕[銪]	铣[銑]	锆[鋯]	锦[錦]	镑[鎊]
铟[銦]	铤[鋌]	锊[鋝]	锨[鍁]	镐[鎬]
铷[銣]	铭[銘]	铜[鋼]	锱[錙]	镉[鎘]
铯[銫]	铬[鉻]	锕[錒]	键[鍵]	镊[鑷]
铥[銩]	铮[錚]	锏[鐧]	镀[鍍]	镇[鎮]
铪[鉿]	铧[鏵]	铽[鋱]	镃[鎡]	镍[鎳]
铘[鋣]	铼[錸]	锇[鋨]	镁[鎂]	镌[鎸]
铫[銚]	揿[撳]	锇[鋨]	镂[鏤]	镏[鎦]

镜[鏡]	镰[鐮]	**羍**	径[徑]	鸾[鸞]
镝[鏑]	镱[鐿]		经[經]	湾[灣]
镛[鏞]	镭[鐳]	译[譯]	烃[烴]	蛮[蠻]
镞[鏃]	镬[鑊]	泽[澤]	轻[輕]	脔[臠]
镖[鏢]	镮[鐶]	怿[懌]	氢[氫]	滦[灤]
镗[鏜]	镯[鐲]	择[擇]	胫[脛]	銮[鑾]
镗[鏜]	镲[鑔]	峄[嶧]	痉[痙]	
镨[鐥]	镳[鑣]	绎[繹]	羟[羥]	**呙**
镘[鏝]	镴[鑞]	驿[驛]	颈[頸]	
镙[鏍]	镶[鑲]	铎[鐸]	疏[疏]	剐[剮]
镦[鐓]	镤[鑮]	挥[揮]		涡[渦]
镗[鏳]	**兴**	释[釋]	**亦**	埚[堝]
镨[鐥]		箨[籜]		喝[喎]
镧[鑭]	峃[嶨]		变[變]	莴[萵]
镨[鐥]	学[學]	**圣**	弯[彎]	娲[媧]
镁[鎂]	觉[覺]		孪[孿]	祸[禍]
镢[鐝]	搅[攪]	劲[勁]	峦[巒]	脶[膤]
镣[鐐]	喾[嚳]	刭[剄]	娈[孌]	窝[窩]
镫[鐙]	鲎[鱟]	陉[陘]	恋[戀]	锅[鍋]
镪[鏹]	黉[黌]	泾[涇]	栾[欒]	蜗[蝸]
		茎[莖]	挛[攣]	

附　录

　　以下39个字是从《第一批异体字整理表》摘录出来的。这些字习惯被看做简化字,附此以便检查。括弧里的字是停止使用的异体字。

呆[獃騃]	迹[跡蹟]	麻[蔴]	席[蓆]	韵[韻]
布[佈]	秸[稭]	脉[脈]	凶[兇]	灾[災]
痴[癡]	杰[傑]①	猫[貓]	绣[繡]	札[剳劄]
床[牀]	巨[鉅]	栖[棲]	锈[鏽]	扎[紮紥]
唇[脣]	昆[崑崐]	弃[棄]	岩[巖]	占[佔]
雇[僱]	捆[綑]	升[陞昇]	异[異]	周[週]
挂[掛]	泪[淚]	笋[筍]	涌[湧]	注[註]
哄[閧鬨]	厘[釐]	它[牠]	岳[嶽]	

下列地名用字,因为生僻难认,已经国务院批准更改,录后以备检查。

黑龙江	铁骊县改铁力县		鄱阳县改波阳县
	瑷珲县改爱辉县		寻邬县改寻乌县
青　海	亹源回族自治县改门	**广　西**	鬱林县改玉林县
	源回族自治县	**四　川**	酆都县改丰都县
新　疆	和阗专区改和田专区		石砫县改石柱县
	和阗县改和田县		越巂县改越西县
	于阗县改于田县		呷洛县改甘洛县
	婼羌县改若羌县	**贵　州**	婺川县改务川县
江　西	雩都县改于都县		鳛水县改习水县
	大庾县改大余县	**陕　西**	商雒专区改商洛专区
	虔南县改全南县		盩厔县改周至县
	新淦县改新干县		郿县改眉县
	新喻县改新余县		醴泉县改礼泉县

---

① 杰:从木,不从术。

郃阳县改合阳县　　　　　葭县改佳县

鄠县改户县　　　　　　　汧县改勉县

雒南县改洛南县　　　　　栒邑县改旬邑县

邠县改彬县　　　　　　　洵阳县改旬阳县

鄜县改富县　　　　　　　汧阳县改千阳县

　　此外,还有以下两种更改地名用字的情况:(1) 由于汉字简化,例如辽宁省瀋阳市改为沈阳市;(2) 由于异体字整理,例如河南省濬县改为浚县。